还原《道德经》本意

姜华远 著

山东大学出版社

图书在版编目(CIP)数据

还原《道德经》本意/姜华远著.
—济南:山东大学出版社,2015.5
ISBN 978-7-5607-5278-5

Ⅰ.①还…　Ⅱ.①姜…　Ⅲ.①道家　②《道德经》—研究　Ⅳ.①B223.15

中国版本图书馆 CIP 数据核字(2015)第 107882 号

责任编辑:陈海军
封面设计:张　荔

出版发行:山东大学出版社
社　址　山东省济南市山大南路 20 号
邮　编　250100
电　话　市场部(0531)88364466
经　销:山东省新华书店
印　刷:山东华鑫天成印刷有限公司
规　格:880 毫米×1230 毫米　1/32
5.25 印张　80 千字
版　次:2015 年 5 月第 1 版
印　次:2015 年 5 月第 1 次印刷
定　价:20.00 元

前言

倘若老子(李耳)历经两千五百年至今仍活在人间,当他面对凝聚自己毕生心血与才华的《道德经》被后人拆成零碎的八十一章,并且遭到粗枝大叶、不求甚解,以至大相径庭、丑态百出的歪曲解释时,必然会痛心疾首、欲哭无泪。

然而,他的《道德经》又是一部流芳百世的奇书,被上至位居权力顶峰的皇帝、名垂青史的学者,下至普通官员和百姓顶礼膜拜。特别是在强盛的西汉与唐朝,《道德经》不仅受到当政者的器重,而且还得到一定程度的践行,对当时社会的文明进步起到了不可低估的作用。

《道德经》自问世以来,受到了广泛的关注与传播。其中中文注释版本已达到上千种,外文注释版也有很多,仅英文就达到三十多种,并且新的译注作品仍然层出不穷。这些译注的作者中不乏历代的社会精英,他们对《道德经》无不给予极高的评价,可谓道者见道,德者见德,智者见智。这在中国乃至世界文化史上都是一道空前绝后的风景线,她将熠熠生辉光照千秋万代!

老子若真能还身今世,看到自己的学说受到如此推崇，并且亲身验证了其所倡导的“死而不忘者，寿也”的人生观与价值观的正确性，能不大喜过望，流下激动的泪水吗？

令老子悲喜交集的原因主要有两个。第一个原因是《道德经》最初是在竹简上书写或刻写的，在保管和流传的过程中，因为多种因素竹简的前后次序被打乱，而这可能会造成文句及章节次序的混乱。不仅如此，《道德经》还有少量遗佚。这些都给后来的译注者造成很大困难。

第二个原因是《道德经》虽然仅仅五千余字，但涉及面广、内容丰富，而其文字简略，时代久远，语法与字词意义发生变化，再加上早期的译注者对原文进行删改造成的以讹传讹，以及因部分译注者水平有限，因而很难全面准确地注释他的学说。

即使是当代的专家学者，他们在学习了超越老子思想的辩证唯物主义哲学理论，特别是在长沙马王堆汉墓的《道德经》甲乙两种帛书出土已达四十年之久的情况下，依然大同小异地按八十一章来诠释《道德经》，且错误之处比比皆是，其诠释不及其书本意的一半，令人大惑不解，非常惋惜。

即使被如此半真半假地注解，也无法掩盖《道德经》的光辉，其朴实无华、博大精深的不朽思想是中国乃至世界文化史上的瑰宝。

《道德经》涉及哲学、政治、经济、军事、外交等各个方面，它不仅是老子个人实践经验的总结，更是对东周及东周之前近两三千年民族文化的总结，在中华五千年文明长河中起到了承前启后的桥梁作用。《道德经》五千字中所蕴含的科学思想对每一个现代人都有着很好的借鉴意义。

《道德经》的主题思想是“敬道、学道、守道”，通俗来讲就是要尊重科学规律，不要迷信神鬼、天命与宗教，要学习、探索科学规律，遵守与运用科学规律。仅就此来看，老子不像是远离我们两千多年的先哲，而像是生活在当代的伟大思想家。他那超越时空的远见卓识是人类文明进步的永恒灯塔。

可惜的是，由于对《道德经》存有太多的误解，人们至今仍没有认识到它的真正价值。特别是在当代中国，无论是中学生，还是大学生，绝大多数都没有学习它的篇章，历史课本中的简介也不能科学反映他的思想。因而中国人对道家的鼻祖——老子依然非常陌生。

敬请您鉴赏《还原〈道德经〉本意》一书，当您真正领悟了《道德经》的本意，老子在为人处事方面充满智慧与力量的句句格言将陪伴您度过平安、幸福、朴实、自然的一生！

姜华远

写于2014年11月26日

目录

第一部分

自序与导论

第一章

【原文】

吾言甚易知也，甚易行也。而天下莫之能知也，莫之能行也。言有宗，事有君。夫唯无知也，是以不我知。知我者希，则我者贵矣。

【译文】

我阐述的道理很容易明白，也很容易践行。可是天下没有多少人能理解，没有多少人能践行。讲话要掌握对象的本原，办事要掌握决定事物成功的要素。正因为不懂得此道理，所以才不理解我所讲的话。理解我讲的道理的人很少，而能以我讲的道理为准则的人就更加可贵了。

知不知，尚矣；不知知，病矣。夫唯病病，是以不病。圣人之不病也，以其病病也，是以不病。是以圣人被褐而怀玉。

知道了未知的，令人崇尚；不知道却自以为知道，必然犯错。只有认识到“不知知”这种错误，才能不犯错误。圣人不犯错误，是因为他避免“不知知”这种错误，所以才不犯错误。因此圣人着装简朴，而内心却怀有像玉一样崇高的道。

【评析】

老子在不足百字的序言里，直截了当地阐明了写《道德经》的社会背景和目的。他准确指出由于人们缺乏对客观事物及其规律的正确认识，时常在错误的思想指导下犯错误，而处于病态。

他著书立说就是为了提高人们对客观事物及其规律的科学认识，在实践中少犯甚至不犯错误，做到“言有宗，事有君”而取得成功。

由于对“宗”“君”“知不知”这五个关键字的误解，已知的专家学者对老子本章的诠释失之毫厘谬以千里。“宗”不是指“宗旨”的意思，“君”也不是“根据”的意思。哪一个人说话办事没有宗旨与依据呢？就是当今黑社会的老大，说话也是有宗旨的：他的宗旨离不开钱、财、色这三者；他办事也是有依据的：其依据就是他倚仗的武力能镇住对方，他绝不会以武力主动敲诈警察。

“宗”在这里是“本原”的意思，即事物的本来面目和客观规律；“君”是“主宰与决定因素”的意思。“宗”与“君”其实质就是老子将在本章之后将要阐述的“道”的代名词。

“知不知”就是“懂得了别人不懂得的”，而不是“知道自己有所不知”。“不知”的对象就是“道”，就是当今所说的真理与科学。有谁不崇尚认知了新的真理的道者，而去崇尚未认识真理的不知道者呢？从古至今，对老子的崇尚就是最好的例证。

准确地理解老子的“言有宗，事有君”的本意之后，不得不感叹老子为我们后人所确立的言行准则的重要性及科学性。

每个人在言行中时常“言无宗，事无君”，即所言不能反映事物的本来面目和客观规律，犯“不知知”的认识错误。办事时没能把握住事情成功的决定因素，即未能依据其客观规律办事，导致不能进步或失败。

因而，“言有无宗，事有无君”是决定我们言行成效的关键所在。每个人必须谨言慎行，在言行前要在脑子里多打几个问号，仔细考量自己的言行是否有宗有君。“言有宗”后所言才能得到众人的赞许、响应和传播；“事有君”后所办之事才能得到众人的理解、支持和跟从，从而取得事业的进步与成功。

同时我们每个人的言行都应围绕“知不知”这个中心进行，不论实践成功与失败，都要时刻不忘温故知新，尽一切办法去认识前人、众人不了解的知识，不断探索、认识新的真理。只有这样，才能在今后的言行中在科学的思想指导下，不犯或少犯错误，以最小的代价取得最大的成功。

“言有宗，事有君”与“知不知”，必将成为每个成功人士新的座右铭与口头禅。

第一章

【原文】

道可道也，非恒道也。名可名也，非恒名也。无名万物之始也，有名万物之母也。

故恒无欲也，以观其妙；恒有欲也，以观其所徼。两者同出而异

【译文】

任何实践的方法与途径，谁都可以创新，然而它们都不是永恒不变的。任何认识，谁都可以重新认识，然而它们都不是永恒的绝对真理。万物的起始情况是无法清楚认识的，而万物的本性是可以准确认识的。

所以人们对万物起始奥妙的探寻，是永远达不到终极目标的，而对万

名，同谓之玄，玄之又玄，众妙之门。

物各自本性差别的探寻，永远能实现其目标。万物的起始与万物的本性是同一出处而概念不同，都可谓是玄妙的。从现在无法给出概念的玄妙到以后有法给出概念的玄妙，便是打开众多奥妙的大门。

【评析】

老子在此篇导论中，首次提出了“实践”与“认识”这一对哲学与人生的永恒的命题，在哲学史上具有重大的历史意义。人与社会的运动就是一个实践与认识循环往复、永不停歇、不断提高层次与水平的过程。他言简意赅地指出，任何实践之路都不是永恒不变的，以此告诫人们不能因循守旧，要不断创新实践之路，这是每一个人神圣的历史使命。

他科学地指出，任何“名”即认识的内容都不是永恒的绝对真理，启迪人们要解放思想，破除禁锢，探索发现新的真理。这样才能不断打开万事万物奥妙之门，从而提高认识，更加科学地实践。

由于对本章中的“道”字的误解，在过去与现在已知的书中，人们对此章的注释与老子的本意相去甚远。“道”在此不是指事物的本原及规律，而是指实践之路即实践的方法与途径，与当今人们常讲的“白道”“黑道”中的“道”意思相同。

老子在此章仅用六十七个字阐明了一个简单却非常重要的哲学与人生命题，而有的当代学者竟用数千字来诠释它。老子说：“吾言甚易知也。”这样诠释是使得“吾言甚难知也”，实在是太可悲了。

更令人叹惜的是，自《道德经》传世到19世纪的两千四百年中，中华民族没有一个思想家能超越老子。中国道学没有得到较好的继承与发展，特别是道家的传人未能掌握鼻祖的精髓与本原，逐渐脱离社会主体，道学也相应成为修心养神、追求个人长寿的“道观避世学”。

《史记》中记载，孔子游学时曾拜访过老子，称老子为一条龙。龙的传人不理解、不学习老子的“龙学”，而过分偏重学习、践行儒学，结果使得中华民族由一个理性思维领先世界的民族，逐渐变得轻理性、重感情，理性思维发展滞后，最显著的一个标志就是老子的“道可道，名可名”被曲解，变成了“道不可道，名不可名”，灿烂的华夏文明逐渐丧失光环，最终被西方文明所超越。

据有关报道，当今德国几乎家家都有德文版的《道德经》，当中国每个家庭都有《道德经》这本做主人之道的奇书，“道可道，名可名”成为每个中华儿女的口头禅时，中华民族的理性思维水平必将领先世界，中华民族必将拥有无与伦比的巨大创新力量，中华民族必将重回世界舞台的中心！

第二部分

道与德的概论

第三章

【原文】

有物混成，先天地生。寂兮廖兮，独立而不改，周行而不殆，可以为天下母。我不知其名，强字之曰道，强为之名曰大。大曰逝，逝曰远，远曰返。

【译文】

有个物体先于天地而产生。它寂静得无声，渺小得无形，却又独立存在，永恒不变，循环运行且永不停息，可以认为是天下万物产生的根源。我不知如何准确称呼它，勉强用"道"称呼它，勉强用"大"来描述它。说它伟大，却又无影无踪，好似在遥远的地方存在，却又能随时来到眼前。

道冲，而用之又弗盈也。渊兮似万物之宗，湛兮似或存。我不知其谁之子也，象帝之先。

道空虚无形，但它的作用却无穷无尽。它像深渊一样深邃，像是万物产生的根源；它像水一样具有渗透性，时隐时现于万物之中。我不知道它是如何产生的，表现出宇宙主宰的本性。

故道大，天大，地大，人亦大，域中有四大，而人居其一焉。人法地，地法天，天法道，道法自然。

所以说道是伟大的，天是伟大的，地是伟大的，人也是伟大的。宇宙中有四种伟大的东西，而人是其中一种啊！人以地的运行规律为法则，地以天的运行规律为法则，天以道的运行规律为法则，道以自然存在为法则。

【评析】

本章老子阐述了《道德经》的中心思想，即道是宇宙的主宰，它先天地而生，对我们来说永远是混沌不清的认识对象，即现代人所讲的科学是无止境的，永远有探索不完的奥妙。

道是永恒不变、循环运行、永不停息的，虽然无声无形，却是万物之源。它渗透在万物里，决定万物的存亡兴衰。由此可以推导出，人生必须以道为行为法则。

因此，老子是古代第一位辩证唯物主义思想家。他彻底否定了当时人们对天地、鬼神、祖先的盲目崇拜，主张道及自然客观存在是第一性的；在肯定了道及自然客观存在的伟大的前提下，也肯定了人的伟大，即人能取法天，取法地，取法道，即人能认识、掌握、运用科学规律，从而取得主动权，更好地、顺其自然地存在和发展。

回顾中国数千年的思想进化史，虽然佛教、基督教、伊斯兰教相继传入，但是都未占据社会的主导地位，中国人大多数并不信教，没有形成一个占主体地位的宗教，这应是中华民族的一大幸事。

然而以道家、儒家为代表的诸子百家思想，却由于种种原因没有得到很好的继承与发展，直到20世纪初，中华民族尚未形成占主导地位的科学的世界观与方法论。

随着西方文化特别是辩证唯物主义与历史唯物主义思想的广泛传播，以及以毛泽东为代表的近现代思想家对它的继承与发展，中国人民基本树立起了占主导地位的科学的世界观与方法论。

可是，由于受新、老宗教及各种非主流思潮的影响，以辩证唯物主义为核心的科学的世界观与方法论的主导地位并不牢固，不断受到来自各方面的严重侵蚀。

而要巩固这一主导地位，就必须大力倡导学习、继承与发展老子的道学，因为它是世界思想史上最优秀成果——辩证唯物主义的历史源头与基石，从而使每个中国人树立起一个核心的世界观，在世界上他最敬畏的就是道，使当今社会对天命、权力、钱财的盲目崇拜逐步减少。

中国人有了科学的世界观，就必然拥有科学的方法论，中华民族的伟大复兴就必然拥有强大的文化软实力的支撑。

第四章

【原文】

天下万物生于有，有生于无。道生一，一生二，二生三，三生万物。万物负阴而抱阳，冲气以为和。

【译文】

天下万物产生于有形物，有形物产生于无形物。道这一无形物产生一种有形物，此有形物又产生出第二种有形物，这两种有形物又产生出多种有形物，如此物与物连环产生，最终生成天下万物。万物无不包含着阴阳两个方面，阴阳相互交融形成万物的和谐状态。

谷神不死，是谓玄牝。玄牝之门，是谓天地之根。绵绵兮若存，用之不勤。

道如山谷的神灵一样永恒存在，它就是所谓的玄妙的母性。玄妙的母性之门，就是天地的根源。道绵延不断似永存，对万物的作用不容置疑。

【评析】

本章老子阐述了天下万物是如何产生的，人们大多看到天下万物产生于有形物，却看不到有形物产生于无形物。道就是宇宙中无形物与有形物的总根源，万物无不依据道而产生。道如同玄妙的母性之门，永恒不断地产生万事万物，并决定着它们的兴衰更替。

万事万物无不包含着阴、阳两个矛盾方面，这揭示了事物矛盾的客观性与普遍性，矛盾的双方有冲突与斗争，但是统一是其必然趋势。

总之，老子在自然科学还很不发达的时代，通过对自然界深入细致的观察与思考，总结归纳出天下万物产生及其构造组成、变化发展的基本规律，为中华民族主体的无神论思想奠定了牢固的理论基础。

他的“万物负阴而包阳，冲气以为和”，也奠定了中华民族以和为贵，追求和谐家庭、和谐社会主旋律的基调。

第五章

【原文】

反者，道之动也；弱者，道之用也。道泛兮，其可左右也。成功遂事弗名有也，可名于小；万物归焉而弗为主也，可名于大。

【译文】

使万物返回本原，是道的运动方式；使万物柔和、充满生机是道的作用体现。道的作用广泛无边，它可左右万事万物。道使万物事业完成，功名建立，而自身不贪占名誉，可以说道是渺小的。万物归附于它，而不自以为是主宰，可以说道是伟大的。

执大象，天下往。往而不害，安平太。乐于饵，过客止。道之出口，淡乎其无味，视之不足见，听之不足闻，用之不可既。

执守道的伟大形象，天下的人们便会向往追随。向往追随就不会互相伤害，人们便会安享太平和谐的生活。音乐与美食常使经过它的人为之留步，而用语言阐述的道理是平淡而没有气味的，看它看不到形体，听它听不到声音，但是它的作用却是无穷无尽的。

视之不见，名之曰微；听之不闻，名之曰希；搏之不得，名之曰夷。此三者不可致诘，故结而为一。一者，其上不徼，其下不昧，绳绳兮不可名也，复归于无

看它看不见形体，可以说它是微小的；听它听不到任何声响，可以说它是无声的；摸它却摸不到，可以说它是无形的。这三种情形无从探究，所以道是紧密结合的一个整体。道这一整体，它的

物。是谓无状之状，无物之象，是谓恍惚。迎之不见其首，随之不见其后。

上面不能察看到边界，它的下面也不能使人脱离昏暗的感觉。连绵不断啊！使人不能概述清楚。它归属于无形之物，也就是所谓没有形状的形状，没有实体的形象，这就是所谓的“恍惚”。迎着它看不到它的开头，跟随它看不到它的末尾。

道之为物，惟恍惟惚。惚兮恍兮，其中有象；恍兮惚兮，其中有物。窈兮冥兮，其中有精。其精甚真，其中有信。自今及古，其名不去，以顺众父。吾何以知众父之然哉？以此。

道这一物体，恍恍惚惚，时隐时现。恍惚中却有形象，恍惚中却有实体。它是那样深远幽暗，其中却有精灵的东西。这精灵的东西是真实的，这精灵的东西是可信验的。从当今追溯到远古，对道的认识、命名从未间断，从而依道来探索万事万物变化发展的起因。我是凭借什么了解事物发展变化的起因情况呢？就是依据对道的认识。

【评析】

本章老子阐述了道对事物作用的内容与形式。事物在其发展变化的过程中，常常偏离其本原，道使其最终回归正道，并保持应有的生机与活力。

道虽然看不见、听不到、摸不着，没有一定的形体，形象模糊，但是道客观存在，它的作用广泛无边，左右万事万物的变化与发展。

道历经实践的验证，是真实可信的。人们只有执守道、追随道，才能探寻事物变化发展的起因，从而把握事物的变化发展，实现社会的安宁、和谐与幸福。

道分为自然之道与社会之道。随着自然之道（自然科学）的迅猛发展，人们对自然之道更加敬畏和重视，大多数人并不怀疑自然之道的客观性及伟大作用。

相比较而言，人们对社会之道（社会科学）还谈不上敬畏和重视，许多人对社会之道的客观性及伟大作用半信半疑，甚至于不屑一顾。这可能是由于社会之道给人带来的利益不像自然之道那样快速与明显，违背社会之道不像违背自然之道那样危害明显。

俗话说得好，“人在做，天在看”，“不是不报，时候不到”。相信通过学习、领悟《道德经》的本意，人们的社会之道水平将会有明显提高，中华民族在不远的将来将成为世界上最敬畏社会之道的伟大民族，到那时她的自然之道（自然科学）也必将随之领先世界。

第六章

【原文】

道生之，而德畜之，物刑之，而器成之。是以万物尊道而贵德。道之尊也，德之贵也，夫莫之爵，而恒自然也。

故道生之畜之，长之育之，成之熟之，养之覆之。生而不有，为而

【译文】

万物依道而生，依德来规范其成长，万物相互影响，从而成就了万物各自的本能。因此万物尊崇道和德。道和德被尊崇，并没有谁为它们封爵，而永远是顺其自然之事。

所以道生成万物，规范万物，使万物生长、繁育，成熟结果，使万物受到抚养、保护。使万物生

不恃；长而不宰，是谓玄德。

成而不据为己有，对万物尽力而为，却对其不依不靠。使万物成长却不主宰它，这就是所说的玄妙的德性。

【评析】

本章老子进一步阐述了道与德对万物的作用，指出人们尊道贵德是顺其自然的事，并着重论述了德的内涵，即对万物应尽力而为，做到有利于其产生与成长，不贪富有，不自恃有功，不图回报。这与现代人所倡导的要具有博爱、奉献与牺牲精神是完全一致的。

老子首推的玄妙的德性的“三不原则”，即“生而不有，为而不恃，长而不宰”，理应成为每个人教育子女、处理家庭关系的最高准则，由家庭再推及社会与自然。

只要人人树立如此高尚的道德理念，并努力去践行，家庭和谐、社会和谐、人和自然的和谐就能真正实现。

第七章

【原文】

孔德之容，惟道是从。上德不德，是以有德；下德不失德，是以无德。上德无为，而无以为；下德无为，而有以为。上仁为之，而无以为；上义为之，而有以为。上礼为之，而莫之应，则攘臂而扔之。

【译文】

深入观察德的形态，它以道为唯一准绳。最高的德不以德为标准，所以才真正拥有德。低下的德处处表现为不失德的标准，所以它实质是没有德。最高的德没有私为而是真正的无私为，低下的德表现为无私为而实质是有私为。最高的仁施仁，而是真正的无私为；最高的义施义，而是有其私为。最高的礼所倡导的礼，也没有多少人响应它，最终落得群情激奋，把它扔到历史的垃圾堆里。

故失道而后德，失德而后仁，失仁而后义，失义而后礼。夫礼者，忠信之薄，而乱之首也。前识者，道之华，而愚之始也。

所以丢弃了道以后，必然倡导虚伪的德；丢弃了真正的德之后，必然倡导虚伪的仁；丢弃了仁之后，必然倡导虚伪的义；丢弃了真正的义之后，必然倡导虚伪的礼。“礼”这个东西是忠信轻薄的产物，而且是祸乱的开端。那些通过占卦、看相等方式先知事物发展结果的，不过是道的虚华，而且是愚昧的开始。

是以大丈夫居其厚，而不居其薄，居其实而不居其华。故去彼取此。

所以大丈夫应身处敦厚，而不居轻薄；身处朴实，而不居浮华。因此，为人要舍弃轻薄浮华，而应以敦厚朴实为人生的道德准则。

【评析】

本章老子进一步阐述了德的内涵与外延。依道实践就是德的内涵；在德的外延上，老子把没有私为的行为称为“上德”，上德属于真正的德，而把有私为的行为称为“下德”，下德是掩人耳目虚伪的德，实质上它不属于德。

他还依照道与德的标准对“仁、义、礼”进行了评判，着重对礼与前识者——占卦算命的人进行了一针见血的批判与否定，告诫人们不要被有些人所倡导的“德、仁、义、礼”和占卦、看相所迷惑，这些不过是为达到其私为目的而玩弄人的手段而已。这些真知灼见至今对我们仍有现实的指导意义。

第八章

【原文】

上德如谷，广德如不足，建德如偷，质真如渝。大直如屈，大巧如拙，大辩如讷，大赢如绌，大白如辱。

大方无隅，大器晚成；大音希声，大象无形。大

【译文】

最高尚的德如同山谷，广大的德如同有缺失，有所建树的德如同窃取德名，质真淳朴的如同变质的。最正直的如同弯曲的，最灵巧的如同笨拙的，最善辩的如同言语迟钝的，最大的赢家如同败退的，最洁白的如同有污垢的。

最大的方没有边角，最大的器物总是最

成若缺，其用不弊；大盈若冲，其用不窘。

后完成。最大的声响寂静无声，伟大的形象没有一定之形。最大的成功也好似有缺失一样，拥有这样的心态就不会犯错误；最盈满的却好似空虚的一样，拥有如此心态就不会窘迫。

【评析】

本章老子进一步阐述了高尚之德的内涵，并告诉人们如何才能具备上德。

最高尚的德如山谷一样包容宽厚，奉献自己拥有的一切。最广大的德也应该看到自己的不足，有建树的德也要杜绝窃取德名，质真淳朴也要防备变质。对事物要看到其矛盾性、两面性，巧中有拙，辩中有讷，赢中有败，白中有污。

最大的方常使人看不到它的边角，最大的发音常使人听不到它的声音，最伟大的形象常使人看不到它的形体。拥有了这样全面正确的认识，才能真正做到虚怀若谷、谦虚谨慎、戒骄戒躁，具备上德，大器晚成，永远立于不败之地。

在历史与现实生活中，人们要达到老子所阐述的“上德”水准，确实不易。然而只要把他的一句格言铭记心中，努力去践行其中的一方面，人的一生也会绽放光彩，无愧于圣贤智慧的熏陶，无愧于我们伟大的时代。

第九章

【原文】

道者，万物之注也，善人之宝也，不善人之所保也。美言可以市，尊行可以加人。人之不善，何弃之有？

【译文】

道是万事万物的归宿。善道之人以道为宝，不善道之人也必须保持它。美好的言论因为包含道便可广为传播，令人起敬的合道行为可以使众人跟从。一个人不善于道，有什么理由抛弃道呢？

【原文】

故立天子，置三公，虽有拱璧以先驷马，不如坐进此道。古之所以

【译文】

所以设立天子，设置三公，虽然拥有比驷马、高车还要珍贵的宝玉，也不

贵此者何也？不谓求以得，有罪以免乎？故为天下贵。

如静下心来进修道。自古以来为什么人们非常尊崇道呢？不是说有道以后追求什么就能得到什么，而是有道之后可以避免犯下罪行，所以道才会被天下人所尊崇。

上士闻道，勤能行之；中士闻道，若存若亡；下士闻道，大笑之。不笑，不足以为道。

上士听说了道以后，努力尽其所能践行；中士听说了道以后，对道半信半疑；下士听说了道以后，讥笑它。不被讥笑，不足以成为道。

是以建言有之曰：明道若昧，进道若退，夷道若类，道隐无名。夫唯道，善始且善成。

因此有创建的言语这样说过：光明的道好似暗昧的道，前进的道好似后退的道，平坦的道好似崎岖的道，道隐身于没有概念清楚的状况中。然而

只有唯道是从，才能善于
开始并且善于取得成功。

【评析】

本章老子论述了天下人应敬畏道、学习道、遵守道的基本原理，分析了人们对道的三种根本不同的态度。

然而无论是国君还是平民，无论对道的认识如何，态度怎样，道是万事万物的归宿，谁也逃脱不了道的制约。只有遵守道，才能避免犯下过错，才能善始善终。否则，必然遭到道的惩罚，成为反面教材。

老子在两千五百年前对道就有如此精辟的分析与深深的敬畏，而我们现代人普遍接受了十年左右的科学教育，学习掌握了不知比老子多多少倍的科学知识，可是有一些人还在以权力、钱财为最高崇拜，相信有权便会拥有一切，相信有钱能使鬼推磨。这足以说明我们的教育内容与结构存在很多不足与问题。

《道德经》作为国学的经典与精华，我们不能束之高阁，敬而远之。借此盼望中学、大学早日增设《道德经》课程，这对于提高全民族的科学文化素养具有重大现实意义。

第十章

【原文】

唯与呵，相去几何？美与恶，相去何若？人之所畏，不可不畏。荒兮，其未央哉！

众人熙熙，如享太牢，如登春台。我独泊兮而未兆，沌沌兮如婴儿之未孩，儽儽兮若无

【译文】

肯定道与否定道，相差多少？合道之美与违道之恶，相差多大？人们所敬畏的道，不可不敬畏啊！一旦背离道而荒唐，往往是没有尽头，让人不能自拔。

众人熙熙攘攘，如同前去享用盛宴，如同登高台欣赏春景。而我却独自淡泊无为，对名利声色无动于衷。混沌啊！如

所归。众人皆有余，而我独若遗，我愚人之心也。

婴儿还没有孩童的情欲。疲沓啊！好似浪子没有归宿。众人都有所剩余，而我独自好似把一切都丢失，我只有一颗淳朴而未开窍的心啊！

众人昭昭，我独昏昏；众人察察，我独闷闷。惚兮其若海，恍兮其若无所止。众人皆有以，而我独顽且鄙。我独异于人，而贵食母。

众人明明白白，而我却迷迷糊糊；众人皆明辨是非，而我却不知对错。恍惚啊！如在大海中感到迷茫而不知所措。恍惚啊！好似不知到哪里止步。众人都很精神，而我却独自笨拙低能。我的追求与人不同，非常尊崇人生的根本。

【评析】

本章老子告诫人们必须敬畏道，对道的唯与呵，必然产生美与恶。人一旦违背道而步入歧途，往往是越陷越深而不能自拔。

老子联系当时的社会现实，正话反说，描述了众人因对道无知而产生的丑态，表面上昭昭，实则昏昏；表面上察察，实则闷闷；表面上神气有本事，实则笨拙低能。

两千多年前的古人如此，现代社会又有多少人在重蹈覆辙。他们藐视道，自以为是，肆无忌惮，可是总逃脱不了道的惩罚。而要纠正错误，走上正路，只有尊崇人生之道。

本章的译释与众不同的是对“唯与呵”的理解。中文自古就一字多意较多，再加上行文中常常使用省略句，因而要准确理解文章中每个字和每句话的意思，要坚守“字不离句，句不离章，章不离篇”的规则，否则就会犯断章取义之错。

流传最广的八十一章《道德经》（下文简称“传统主流版本”）与长沙马王堆汉墓帛书《道德经》（下文简称“帛书《道德经》”），它们当中“唯与呵”的前句都不是“夫唯道，善始且善成”。

虽然笔者没有把“夫唯道，善始且善成”与“唯与呵”编排在一章里，但是把一句排在章尾，把一句排在与其紧连的章首，因而就不难理解“唯”与“呵”的对象都是道，就更不难理解其与“美与恶，相去何若”之间的因果关系了。

第 三 部 分

实践与认识之道

第十一章

【原文】

执今之道，从御今之有，以知古始，是谓道纪。

古之善为道者，微妙玄通，深不可识。夫唯不可识，故强为之容，豫兮其若冬涉水，犹兮其若畏四邻，严兮其若客，涣兮其若凌释，敦兮

【译文】

现今执守道，就是用道来驾驭当今的客观事物，用道作指导来认识事物的产生与发展，这可谓学道用道的纲纪。

过去精通道的人，通达事物的细微与奥妙，高深得难以认识。正因为难以认识，所以勉强地描述它：谨慎呀，好像在冬天涉渡江河；警觉呀，好像在防备四邻的攻击；庄

其若朴，旷兮其若谷，浑兮其若浊。

重啊，好像在高贵地做客；平静地变化呀，好像冰块不露声色地消融；纯真呀，好像未经加工的原木；胸怀宽广啊，好似幽深的山谷；如春天的江河之水啊，清澈见底，却好似浑浊之水，让人看不透彻。

浊而静之，徐清；安而动之，徐生。

通过平静的变化发展，使人慢慢认清其道的高深与实用；经过平静、不露声色的运动，使人慢慢认识到其生命力的强大。

【评析】

本章老子阐述了人们学道、守道的基本原则，然后为我们描绘了一个善道之人的肖像。

他谨慎、警觉、庄重、平和、纯真、宽厚。虽然拥有春水般的真才实学，一般人却不知道，但是他不显山露水的平静、顺其自然的变化发展，最终会使人认识到他的道的博大与实用，认识到他的生机盎然，使人以他为学习的榜样。

关于老子的生平事迹，史书上的记载非常简略。他自己在社会实践中是一个怎样的善道之人，我们不得而知。然而他的名著《道德经》所蕴含的哲理，对于他身后两千多年里的无数人，就如同他写的那样，“涽兮其若浊”，虽经历朝历代的社会精英层出不穷的注释与探究，至今仍然众说纷纭，还好似浑浊之水，人们还远远没有弄清它的深浅与本原。

即便如此，它已从中国走向了世界。相信在不远的将来，我们将让它在世人面前清澈见底，如同春天的雨水滋润大地，使这一国学中最洁白无瑕的纯朴之花，开遍地球的每一个角落！

第十二章

【原文】

上善若水。水善利万物而不争，处众人之所恶，故几于道。

居善地，心善渊，与善信，政善治，事善能，动善时。夫唯不争，故无尤。

【译文】

最高的善似水一样。水善于造福万物而不争名利，处于众人所厌恶的地方和地位，所以它和道最相近。

居处善于选择适当的位置，心胸善于似深渊一样包容，与人交往善于守信用，从政善于治理，办事善于尽其所能，行动善于把握时机。正因为他不与人争名利，所以才没有大的过失。

善行者无辙迹，善言者无瑕谪，善数者不以筹策，善闭者无关楗而不可启也，善结者无绳约而不可解也。

善于办事的人不会留下麻烦；善于言论的人不会产生错误；善于谋划的人不用占卜的方法推算；善于隐秘的人虽不设置机关，外人也不能知晓；善于团结的人，虽不订立约束的方法，大家也不会离心。

是以圣人恒善救人，而无弃人；恒善救物，而无弃物。是谓曳明。故善人，不善人之师；不善人，善人之资。不贵其师，不爱其资，虽智大谜，是谓要妙。

因此有道之人永远是人尽其才，而没有什么抛弃的人；永远是物尽其用，而没有什么要丢弃的东西。这可谓有启发与指导意义的高明。所以说善道之人是不善道之人的老师，不善道之人是善道之人的借鉴。不珍视老师，不爱惜反面的借鉴，虽然智慧灵巧，也是世上最糊涂的，这可以说是做人的关键与奥妙所在。

善建者不拔，善抱者不脱，子孙以祭祀不绝。修之身，其德乃真；修之家，其德乃余；修之乡，其德乃长；修之邦，其德乃丰；修之天下，其德乃博。

善于对道有所建树的人，永远不会被人拔出和泯灭；善于坚守道的人，永远不会被人遗弃，子孙后代会永远怀念他。自身学道守道，品德就会纯真；使全家人学道守道，品德就会影响后代；使一乡人学道守道，品德就会影响长远；使一国人学道守道，品德才算是丰盈；使天下人学道守道，其品德才算得上是博大。

以身观身，以家观家，以乡观乡，以邦观邦，以天下观天下。吾何以知天下之然哉？以此。

根据对众人品行的观察对比，根据对众多家庭情况的观察对比，根据对众多乡情的观察对比，根据对众多国情的观察对比，根据对天下的过去与现在的观察对比，总结出修身、齐家、治乡、治国、平天下的道理。我是怎样了解天下变化的规律的呢？就是用上述方法。

【评析】

本章老子从总体上阐述了如何才能成为一个善道之人。

首先，他应该似水一样造福万物而不争名利，善于人尽其才、物尽其用，心胸宽广，善于团结他人，办事善于尽其所能，并把握时机，不留后患，言论严谨，恪守诺言，以善道之人为师，以不善道之人为警戒。

其次，要通过对人与人、家与家、乡与乡、国与国、天下与天下的过去与过去、过去与现在的观察、比较，归纳总结出客观规律(道)，为人类社会的文明进步留下宝贵的精神财富，即对道有所建树，并恪守道，以道来修身、齐家、治乡、治国、平天下。这样善道之人必然会被后人所怀念与颂扬。

老子作为东周王朝掌管图书典籍的史官，对周朝及其之前中华民族数千年的史实有所了解，这为他写就《道德经》奠定了最关键的基础。

温故而知新。老子正是重温即观察、对比、归纳总结个人、家庭、乡里、国家、天下变化发展的史料，影响深远的修身、齐家、治乡、治国、平天下的大道才得以创立。

由此可见历史知识的重要性。历史不仅是人生的一面镜子与借鉴，更准确地说，历史是我们每一个人社会生命的“太阳”。

不胜枚举的事例证明，人的社会生命运动即社会能量的获取与发挥，是围绕如何科学利用历史进行的。

无论是谁，科学而高效地利用人的社会生命的“太阳”之光，他的社会生命就必然具有巨大的社会力量。

第十三章

【原文】

天下有始，以为天下母。既得其母，以知其子。既得其子，复守其母。

塞其兑，闭其门，终身不勤。开其兑，济其事，终身不救。见小曰明，守柔曰强。用其光，

【译文】

人类社会有起始之道，可以作为人类社会的根本。既已掌握了天下的根本之道，凭此就会掌握天下的组成部分之道。既已掌握了天下的组成部分之道，还要坚守天下的根本之道。

堵塞不道的欲望之洞，关闭不道的门径，终生都不会有烦扰之事。打开不道的欲望之洞，行不道之事，那么终生都不

复归其明，无遗身殃，是谓袭常。

会得到救药。能认识到细微就叫高明，能保持生机活力才算是强大。用道作指导，就能认识万事万物的细微，从而达到高明，就不会给自己带来灾祸，这可谓袭承正常之道。

至虚极，守静笃。万物并作，吾以观复。夫物芸芸，各复归其根。归根曰静，静曰复命。复命曰常，知常曰明。

使私欲虚无到极点，坚守人生的平静之道而终生不变。万物一起产生、发展、变化，我借此探寻其循环往复的规律。那万物纷纷纭纭，各自回归它的本原。回归本原就是坚守平静自然之道，就是循环往复的生命运动，就是万事万物的正常之道，知其正常之道就是高明。

不知常，妄作凶。知常容，容乃公，公乃全，全乃天，天乃道，道乃久，没身不殆。

不懂得正常之道，必然轻举妄动，招致灾祸。懂得正常之道就必然宽容，宽容便能公正，公正才能全面，全面才能顺应自然，顺应自然才能符合大道，符合大道才能长久，这样终生都不会遭受危害。

【评析】

本章老子阐述了他对人生之路的见解。首先应认识、把握人类社会的根本之道，即要有科学的世界观与方法论，也就是前面章节论述的敬道、学道、守道，进而把握并恪守人和万物一样合乎本性的平静自然之路，为人处事能在细小方面遵守正常之道，这样才能保持生机与活力。

其次要在生活中节制私欲，关闭不道的途径，对万事万物做到包容、公正、全面，这样才能行走在顺其自然的循环往复的生命运动之路上，才能终生平安幸福。

总之，危险与灾祸是我们每个人都会遭遇到的。除了很难规避的天灾之外，人祸总是可以尽量避免和减少的。

为此，最关键的一点就是要做到老子阐述的明常道、守常道而不妄作为。

第十四章

【原文】

天下之至柔，驰骋于天下之至坚，无有入无间。吾是以知无为之有益也。不言之教，无为之益，天下希能及之也。

是以圣人处无为之事，行不言之教。万物作而弗始，生而弗有，为

【译文】

天下最柔弱的能在天下最坚硬的当中驰骋，没有形体的能进入没有间隙的物体当中。我因此懂得没有私为的益处。不用言语的教诲，无私为的行为的好处，天下很少能超过它的。

因此有道之人用无私为的原则来处事，用身教的方式来施教。万事万物依其自身的规律发

而弗恃，成功而弗居。夫唯弗居，是以不去。	展变化而绝不妄加干涉。生活中绝不贪图富有，施为而绝不图回报，功业建立而绝不居其位。正是因为绝不因功而居其高位，所以建立起来的功业才不会失去。

【评析】

本章老子以水、风、雷电等类推人的行为，指出人应效仿自然，从无为着手达到有为，这是最高的人生哲学智慧。

在这一思想指导下，老子阐述了为人处事及施教的原则，以及对待生活与成功的科学态度。

在现实生活中，很多人与老子倡导的行为准则相背离，没有私利不干事，把私利放在首位；对别人要求严格，对自己则自由放任，言行不一；生活上贪求富有奢华，不帮助、救济他人；做了该做的事，就苛求别人回报；只要有点功绩，就居功自傲，盛气凌人，长久占据高位，不适时让位于他人。

这样做的人，也许能得到一时的自我满足与虚荣，但最终会遭到人们的唾弃，成为反面的典型。

第十五章

【原文】

三十辐同一毂，当其无，有车之用也。埏埴以为器，当其无，有器之用也。凿户窗以为室，当其无，有室之用也。故有之以为利，无之以为用。

【译文】

三十根辐条集中于同一车毂中，正因车轮有虚与实的结合，车才能发挥其功能。糅合黏土做器皿，正因器皿有虚与实的结合，器皿才有其功能。开凿门窗造房屋，正因房屋有虚与实的结合，房屋才有其居住功能。所以说，有形的东西只有靠与无形的东西结合，才能发挥其功用。

天长地久，天地所以能长久，以其不生也，故能长生。是以圣人退其身而身先，外其身而身存，不以其无私乎？故能成其私。

天长地久存在。天地之所以能长久存在，是因其不是为了自身生存，所以能长久生存。因此有道之人把自身名利放在最后，却反而占先，把自己的生命置之度外，却反而得到保全。这不正是因为他不自私吗？所以圣人这样做，却能成就其私利。

载营魄抱一，能无离乎？专气致柔，能如婴儿乎？涤除玄鉴，能无疵乎？爱民治国，能无以知乎？天门启阖，能为雌乎？明白四达，能无以为乎？

思想灵魂的运转能保持和道的一致，没有背离的情况吗？聚结精气以致柔和而充满生机，能如初生的婴儿吗？涮洗玄妙的心灵，能没有瑕疵吗？爱护百姓，治理国家，能不用奸诈的巧智吗？感官开合，接触外界，能不为外界所左右，安守宁静之道吗？心明而通达四方，能没有不道的私为吗？

【评析】

本章老子将人们造车轮、做器皿、建房屋的活动中的虚与实的结合，类比人的个体行为中虚与实的结合，并依据天长地久的道理，总结出人应先退身身外，外其身而身存，应先无私才能真正有私。这与当今社会所倡导的先人后己、先公后私、忘我工作的时代精神是一致的。

他还用六个疑问句对前几章内容进行了归纳总结，教导人们要坚守道而不能背离道，要像婴儿般柔和，充满生机与活力，要纯洁心灵，表里如一，办事要光明正大而不要奸诈，不要被名利外物所左右，安守平静、自然的人生之路，决不能凭借自己的聪明才智去纵欲妄为。

第十六章

【原文】

天下有道，却走马以粪。天下无道，戎马生于郊。罪莫大于可欲，祸莫大于不知足，咎莫惨于欲得。故知足之足，恒足矣。

【译文】

天下人学道守道，用于军事和游玩的马就会用于农事。天下人不学道守道，战马就会生驹于荒野。罪行最大的莫过于任情纵欲，祸乱最厉害的莫过于不知足而引起的，灾祸没有比占据不道所得引起的更悲惨的。所以说，懂得满足的富足，才是永恒的富足。

持而盈之，不如其已。揣而锐之，不可长保。金玉盈室，莫之能守。富贵而骄，自遗其咎。功成身退，天之道也。保此道者，不欲盈，是以敝而不成。

执持太盈满，不如适可而止。显露锋芒，锐势不可能长久。金玉堆满房屋，没有人能把它们守住。富贵并且骄横，必然给自己招致灾祸。成功之后就主动隐退，是符合道的明智之举。能持守上述道理的人，他不追求盈满，所以不会成为革新的对象。

名与身孰亲？身与货孰多？得与亡孰病？甚爱必大费，多藏必厚亡。故知足不辱，知止不殆，可以长久。

名声与生命哪一个更可贵？生命与财产哪一个更重要？得到与失去哪一个更有害？过多的爱惜必然造成过多的损耗，过多的积藏必然造成重大的丧失。所以说懂得满足便不会蒙受困辱，懂得适可而止便不会受危害，这样便能长久。

【评析】

本章老子主张天下人应学道守道，这样社会才能安宁太平。否则，天下将灾乱丛生，不仅人类自身，甚至连牛马等都要遭殃。因此人应树立合道的人生观与价值观，坚信不道的名利必然殃及身心的健康甚至生命安全，它迟早会完全丧失，这是不以人的主观意志为转移的客观规律。

另一方面，人要节制私欲，懂得适可而止，功成身退，这样才能不成为社会文明进步的障碍，长久平安幸福，善始而且善终。

本章笔者采用的“保此道者，不欲盈，是以敝而不成”，是帛书《道德经》的原句。而传统版本的“保此道者，不欲盈，故能蔽而新成”，无疑是错误的。

其理由有如下两点：一是后者脱离了老子原文上下句的位置，“保此道者，不欲盈”的前句一定是列举了盈满的缺点与错误，之后才归纳总结出此句。因而笔者在老子原文“持而盈之，不如其已。揣而锐之，不可长保。金玉盈室，莫之能守。富贵而骄，自遗其咎。功成身退，天之道也”之句后，紧接着编排了“保此道者，不欲盈，是以敝而不成”之句。它是前五句话所分析的情况的必然结论。

二是“不欲盈”与“故能蔽而新成”没有必然的因果关系。不追求盈满，能防止物极必反，怎么能去故更新呢？而在老子的“曲则全，枉则正，洼则盈，敝则新，少则得，多则惑”中，“敝则新”即认识到事物的弊端则会创新，才是真正合乎逻辑与事理的必然的因果关系。

再者老子五千言文句精练，冗赘重复之句几乎没有，有了“敝则新”之句，不可能再有“故能蔽而新成”之句。

第十七章

【原文】

天下皆知美之为美，斯恶已；皆知善之为善，斯不善已。故有无相生，难易相成，长短相形，高下相盈，音声相和，前后相随，恒也。

【译文】

天下人都知道美好之所以美好，那是由于有丑恶与之相对；都知道擅长的形成，是由于有不擅长与之相对。所以有与无对应而产生，难与易相对应而成立，长与短相映衬而体现，高与下相依靠而成立，音与声相符合才和谐美妙，前与后相随从而形成，这是永恒的规律。

天下所恶，唯孤、寡、不彀，而王公自名也。物或损之而益，益之而损。故人之所教，亦议而教人。故强良者不得死，我将以为学父。

天下人厌恶的是孤、寡、不成材，而王公却以之自称。事物有时减少它反而增加，增加它反而减少。所以别人所教诲的，我也加以议论而去教导人。所以勉强去追求好的，至死也达不到目的，我将以此为学习和做事的根本原则。

凡物或行或随，或热或冷，或强或挫，或培或堕。是以圣人去甚、去奢、去泰。

一切事物，都会有时在前面领跑，有时在后面跟随；有时炽热，有时冰冷；有时增强，有时减弱；有时得到培养保护，有时受到打击而下降。因此有道的人摒弃过分的行为、非分的欲望、极端的追求。

【评析】

本章老子阐述了任何事物都是矛盾的统一体。矛盾的双方相互对立、依存，并且相互转化，如美与恶，善与不善，有与无，难与易，长与短，高与下，前与后，行与随，热与冷，强与弱，兴与衰，升与降等等。

他借此告诫人们为人处事最好不要勉强，不要走极端。任何事物都有其自身发展变化规律，要尽可能顺其自然地发展变化。

本章的关键句是“故强良者不得死”，老子把它当作“学父”，这无疑是本章的中心思想。

笔者采用的是帛书《道德经》的原句，而传统版本选用了东汉河上公八十一章《道德经》的“故强梁者不得死”。

笔者采用“强良”，不仅是因帛书《道德经》比传统的八十一章《道德经》早数百年，更主要是依据“句不离章”的释义原则。

传统主流学者选用“强梁”，这可能是由于东汉时期有“梁上君子”典故的原因，因而把“强梁者不得死”解释为强暴者死无其所，如此释义是把老子置于诅咒与谩骂强暴者的水平上，老子岂能如此低层次？

老子是世界古代史上最伟大的思想家与理论家，他的文章有很缜密的逻辑性，前后句有很严密的逻辑关系。

正如笔者所分析的，在“强良”前句中老子阐述了事物的发展变化是不以人的主观意志及其努力为转移的。有时你去减少它，它却反而增加；你想去增加它，它却反而减少。关键是要依道依时把握，因而勉强去追求好的，至死也达不到目的。

紧连着“强良”的后面几句，老子又对它进一步给予诠释，指出事物的行与随、热与冷、强与弱、兴与衰都是在不停地发展转化的，要舍弃“甚、奢、泰”的做法，这无疑是人们认识与实践的最科学、最根本的原则。

再者，没有在前的对“强梁者”的种种情况的列举与分析，老子在文中怎么会突然跳跃式地冒出一句“故强梁者不得死”呢？

第十八章

【原文】

曲则全，枉则正，洼则盈，敝则新，少则得，多则惑。是以圣人执一，为天下式。不自是，故彰；不自见，故明；不自伐，故有功；不自矜，故能长。古之所谓曲则全者，岂虚言哉？诚全归之。

【译文】

历经曲折则会全面，认识到错误则会正确，认识到低洼则会充盈，认识到弊端则会创新，认识到浅薄则会获得，自认为博学广识则会陷入迷惑。因此圣人保持和上述道理一致，成为天下人学习的楷模。不自以为是，因而能明辨是非；不固执己见，因而能兼听则明；不把功劳归于自己，所以才拥有功名;不骄傲自满,因而能不断进步成长。古人所说的经历曲折才会全面,难道是空话?它确实属于完全正确的思想。

企者不立,跨者不行。自见者不明,自是者不彰,自伐者无功,自矜者不长。其在道也,曰余食赘行,物或恶之,故有道者不处。

踮起脚跟到最高点,却不能站稳;迈出最大的步幅,反而不能行走。固执己见不能明察实情,自以为是不能明辨对错,把功劳归于自己,就建立不了功业,骄傲自满者不能进步。这些行为对于道来讲是食物的残渣和无用的行为,见了之后令人厌恶,所以有道者决不这样做。

【评析】

本章老子阐述了他的实践与认识论，指出正确而全面的认识只能来源于曲折的实践。因为每个人都会有错误认识，因而都不可避免地在实践中犯错误，所以只有自觉主动地认识自身在思想与实践中的错误，才能获得正确全面的认识，从而指导实践，不断革除弊端，创新进步。

因此他告诫人们要不自是，不自见，不自伐，不自矜，要看到自身实践与认识的错误与不足，要谦虚谨慎，戒骄戒躁，善于听取别人的意见，看重别人的长处与贡献，这样才能成就功业。

老子这一高度概括的实践与认识论，具有非常重大的现实指导意义。它与辩证唯物主义的实践与认识论是完全一致的，与当代倡导的实事求是、改革创新的科学思想也是完全合拍的。仅从这一点来看，就可以毫不夸张地说，老子不愧为世界古代最伟大的哲学家。

可是，大多数专家学者竟然把“曲则全”解释为委曲则会保全，真是太有愧于令中华儿女自豪的伟大思想家——李耳。

在现实生活中，委曲对正义的或许有价值，而对非正义又有何意义呢？试问，日本侵华战争中被强迫奴役的煤矿劳工，他们委屈劳作保全自己了吗？白骨累累的万人坑，在告诉后人该如何行与思。

古往今来，人的认识与实践难免经历曲折与坎坷。它对于无道的懦夫，是灾难和不可跨越的高山与江海，而对于有道的勇者，却是难得的财富与历练，是通向成功的桥梁与铺垫。

因而老子的“曲则全”，无疑是告知后人，曲折是由片面到全面的必由之路，没有曲折的片面，就不可能有顺利的全面。曲折与坎坷不可怕，可怕的是没有善于思考的理性思维的大脑。

第十九章

【原文】

知人者，智也；自知者，明也。胜人者，有力也；自胜者，强也。知足者，富也；强行者，有志也。不失其所者，久也；死而不忘者，寿也。是以圣人自知而不自见也，自爱而不自贵也。故去彼取此。

【译文】

能了解别人，是有智慧的人；能了解自己，是高明的人。能战胜别人的人，是有力量的人；能战胜自己的缺点的人，是强大的人。懂得满足的，是真正富有的人 ；顽强实践的，是有志气的人。不丧失其本性的人，才能生命长久；身死而品行、思想不被忘记的人，才是真正的长寿者。因为圣人懂得自己常有错误，所以不会固执己见；珍爱自身，但不会自以为高贵。所以有道者舍弃不道的行为，而采取合道的行为。

不出于户，以知天下。不窥于窗，以知天道。其出弥远，其知弥少。是以圣人不行而知，不见而名，不为而成。

不出门户，就能了解天下的发展变化。不观察窗外，就能了解天体的运行。谁走出的路途越远，谁懂得的就越少。因此有道的圣人不必亲身经历，就能明白其中的道理；不必亲眼所见就能概括实情，不必图为而能成就其为。

为学者日益，为道者日损，损之又损，以至于无为，无为而无不为。

做学问的人，私为一天天增加。追求真理的人，私为一天天减少，减少又减少，以至于达到无私为的最高境界。没有私为，才能没有不能为的。

知者不言，言者不知。信言不美，美言不信。知者不博，博者不知。善者不多，多者不善。圣人无积，既以为人，已愈有；既以予人，已愈多。故天之道，利而不害；人之道，为而弗争。

真正懂得道理的人，不用言语去证明其懂得。用言语证明自己是懂得道理的人，往往是不懂装懂的。真实可信的言语不需要美化，美化了的言语往往不真实可信。了解道的人，不表现为广博；表现为广博者，常是不懂装懂的。善道者不过多占有财富，占有财富过多的人是不善道者。有道的圣人没有积蓄，他已为民众所耗尽，而自己却更加富有；他已全部给予别人，而自己拥有的却越多。所以天道是给万物利益而不加害万物；人应遵循的道是为自己谋利，但是决不争夺别人的利益。

【评析】

本章老子着重阐述了科学的人生观与价值观。他主张人应首先自知、自胜、自足，顽强实践，不失人的本性。其次要用道来总揽全局，要具有举一反三的能力，善于从别人和自己直接或间接的经验中总结规律，从而以科学的理论指导实践。以追求道(科学)为最高目标，达到大公无私的境界。能造福民众，才是真正的富有。身死而思想、品行不朽者，才是真正的长寿者。这与当代倡导的奉献与牺牲精神、追求真理的科学精神是多么一致！

可惜在老子之后的两千五百多年的历史长河中，罕有思想家能超越他。更可叹的是无数后人曲解其伟大思想，甚至对原文进行有目的的篡改。本章里“善者不多，多者不善”误为“善者不辩，辩者不善”就是一例。

老子眼中的“多者”，其财富大多是不道与违法所得。他们不是被依法惩处，就是遭到天道的惩罚，富不过三代。正如老子所讲的“金玉盈室，莫之能守”，“甚爱必大费，多藏必厚亡”。这些不道的“多者”，一辈子图名谋利，身心疲惫，总落得竹篮打水一场空。

而善道之人却恰恰相反，他们在获得财富后，无私地帮助有困难的人，奉献于社会的公益事业。他们不图名利，却名垂千古，成为人们眼中最富有的人和学习的榜样。

总之，无可争辩的事实证明，“善者不多，多者不善”，是用占有财富的多少裁决善道与不善道之人的标准，它无疑是老子的原句。

而传统版本中的“善者不辩，辩者不善”，其本身也是错误的观点。就拿每一个家庭来讲，辩论是时常发生的，当家庭中的成员有认识与实践上的错误时，善道的成员必然会摆事实、讲道理，来说服不善道的成员。

这不是辩论是什么？家庭是这样，社会何尝不是如此？让真理大白于天下，没有理性的争辩是无法实现的。

第六十三章

【原文】

为无为，事无事，味无味，报怨以德。是以圣人欲不欲，而不贵难得之货；学不学，复众人之所过，以辅万物之自然，而弗敢为也。

【译文】

为了没有为的，从事没有从事的，体味没有体味的，用高尚的品行来回报怨恨。因此有道之人追求众人不追求的，而不珍惜难以得到的东西；学习众人不学习的，总结众人所走过的路，吸取其中的经验与教训，以辅助万事万物顺其自然地发展，而不莽撞地为所欲为。

大小多少。图难乎，其易也；为大乎，其细也。天下之难作于易，天下之大作于细。是以圣人终不为大，故能成其大。夫轻诺者必寡信，多易必多难。是以圣人犹难之，故终于无难。

大由小组，多由少成。解决难题其实就是解决易题，做大事其实就是做细小的事。天下的难事从易事做起，天下的大事从小事做起。因此圣人始终不从大事做起，所以才能成就大事。轻易许下诺言，必然很少信验兑现。过多的顺境之后必然遭遇过多的困境，因此圣人常常是先历经坎坷，克服了太多的困难，所以到最后就顺利了。

其安也，易持也；其未兆也，易谋也。其脆也，易判也；其微也，易散也。为之于其未有，

事物安定时容易控制，事物还没有变化的征兆时容易谋划，事物还脆弱时容易破解，事物还细

治之于其未乱也。

小时容易消散。做事要在还没有发生问题时就有所准备，将问题解决在未发生混乱之前。

合抱之木，生于毫末；九层之台，作于累土；千里之行，始于足下。民之从事，恒于其成而败之。故慎终若始，则无败事。

合抱的大树，生长于细小的幼苗。九层的高台，筑起于层层堆积的泥土。千里的远行，开始于脚下的每一步。人们做事常常在将要成功时失败。所以做事情到最后也要像刚开始时那样谨慎，就没有办不成的事。

【评析】

本章老子论述了实践中取得成功的方法与途径。首先人们应为了没有为的，即当今常倡导的人应树立崇高的理想与目标；从事没有从事的，即当今所倡导的改革创新这一人类实践的永恒命题；体味没有体味的，即当今人们所关注的要在实践中善于体味新的道理，认识新的真理。

其次要善于从小事、易事做起，实现从量变到质变的转换。在其过程中对容易造成麻烦的问题要防微杜渐，要有持久的恒心与毅力，慎终如始，勇于面对与克服困难，这样才能不致失败而获得成功。

这是与现代科学思维多么吻合的成功学！可惜的是对“为无为，事无事，味无味”这九个字，传统主流学者有很多错误的理解。有的学者认为“报怨以德”不应是在“为无为，事无事，味无味”之后，而是从别的章中误植过来的。

其实老子的“报怨以德”，是对“为无为，事无事，味无味”思想的最好解释与说明。

一般人的思维与做法，往往是以怨报怨，以仇报仇。试问如此循环下去，怨仇何时才能终结？家庭、社会怎能和谐安康？

只有“报怨以德”，才能践行“为无为”的思想，即不是向怨者发泄自己的怨恨，而是用高尚的德行回报怨者，以追求家庭、社会的和谐安康为目标；才能践行“事无事”，即从事没有从事的，用创新的做法去实现美好的理想；才能践行“味无味”，即体味别人未体味出的道理与思想，并以此来指导实践，求得怨仇的最终化解，让和谐幸福之花盛开在每个人的心田。

第五十五章

【原文】

含德之厚，比于赤字。毒虫不螫，猛兽不搏。骨弱筋柔而握固，未知牝牡之合而朘作，精之至也，终日号而不嗄，和之至也。

【译文】

道德涵养深厚的人，就好比初生的婴儿。毒虫不螫他，猛兽不攻击他。他的筋骨柔弱而拳头却握得很牢固，不知两性交合而生殖器却勃起，这是他精力集中的缘故。他整天号叫而嗓子却不沙哑，这是他和气至极的缘故。

和曰常，知常曰明。益生曰祥，心使气曰强。

和气就是所说的守正常之道，懂得正常之道

物壮即老，谓之不道，不道早已。

就是所说的高明。守常而益于生命就是所说的吉祥，生气而失常态就是所说的逞强。事物壮盛后立即衰老，即所说的不守常道。不守常道，就必然过早凋亡。

塞其兑，闭其门，挫其锐，解其纷，和其光，同其尘，是谓玄同。

堵塞贪婪的无底洞，关闭不道的门径，磨挫掉不道的锋芒，化解不道的纷争，与人和气地同享阳光，与人共担风雨，这就是所说的与深奥的道理保持一致。

故不可得而亲，亦不可得而疏；不可得而利，亦不可得而害；不可得而贵，亦不可得而贱。故为天下贵。

所以，不可以得到亲近就去亲近，亦不可受到疏远就去疏远；不可以得到利益就去利益，也不可受到侵害就去侵害；不可以受到尊贵就去尊贵，也不可受到卑贱就去卑贱。依道去为人处事，不以亲疏、利害、贵贱为标准，所以必然会被天下人所尊崇。

和大怨，必有余怨。安可以为善？是以圣人执左契而不责于人。故有德司契，无德司彻。天道无亲，恒与善人。

和解大的怨结，必然会有残余的仇恨。怎样才能处理好人际关系呢？因此，有道的圣人虽然握有契约，也不责难违背契约的人。所以有德之人像握有契约的圣人那样宽厚包容，无德之人像税官一样苛刻刁钻。道对任何人都是公平的，永远帮助善道守道之人。

【评析】

本章老子阐述了正确处理人际关系的方法。首先应该像婴儿一样对任何人没有伤害，做到本分、和气做人。其次要节制自己的私欲，关闭不道德的门径，不锋芒毕露，化解纷争，与人为善，与人们共同享受阳光，共同担当风雨，抛弃平庸的亲疏、利害、贵贱观念，以道为准则来待人处事。绝不主动与人结下怨仇，即使别人有过错，也要礼让三分。

这样待人处事，就必然会得到天道（客观规律）的帮助，长久兴盛，而不像背离道的人那样受到客观规律的惩罚，过早灭亡。

这与当今社会倡导的为人厚道、严于律己、宽以待人、团结友爱、互帮互助、建设和谐社会、尊重客观规律的科学精神是完全一致的，对于每个人的修养都具有指导意义。

第五十章

【原文】

出生入死，生之徒十有三，死之徒十有三。而民生生，动皆之死地十有三。夫何故也？以其生生也。

【译文】

在出生入死的战争中，生还的有十分之三，战死的也有十分之三。而人们为了生活不顾一切，其活动把自身置于死地的也有十分之三。什么原因呢？因为他们仅仅是为了自己的生活而不择手段。

盖闻善摄生者，陆行不遇猛虎，入军不被甲兵。虎无所投其爪，

听说善于养生的人，在路上行走不会遇到猛虎，从军不会受到兵器的

兵无所容其刃。夫何故也？以其无死地也。

伤害。猛虎对其无处投爪，兵士拿武器也没法砍杀。什么原因呢？因为他从不将自身置于险境。

勇于敢者则杀，勇于不敢者则活。知此两者，或利或害。天之所恶，孰知其故？天之道，不战而善胜，不言而善应，不召而自来，坦然而善谋。天网恢恢，疏而不失。

有勇气且莽撞的人会遭受伤亡，有勇气不莽撞的人会活下来。明白了这两种方式哪种有利，哪种有害，就懂得取舍了。客观规律所厌弃的，谁知道其中的原因呢？依据客观规律实践，不使用武力就能取得胜利，不用言语就能使人响应，不用召唤就能使人跟从，这是多么悠闲自得而善于谋划的方式。客观规律像一张无边的网，看似稀疏却不遗漏任何东西。

【评析】

本章老子着重阐述了人珍爱生命、平安生存的方法与途径。他先概述了在争霸的战争中有十分之三的人死亡，而在日常生活中，同样也有十分之三的人因为不遵守天道、贪生纵欲、明抢暗盗，而把自身置于死地，受到客观规律的惩罚，过早结束生命。

然后他又指出人一生既要有勇气正视困难与危险，又不能草率莽撞，要按客观规律来办事。采取不战而善胜、不言而善应、不召而自来的战术，这样才能立于不败之地，安享天命。这是最高的人生哲学。

在本章最后，他还给人一个最重要的警示，法网不可能疏而不失，因为法要靠人去制定、解释、执行，哪有不出差错的人或组织呢？只有天网才能疏而不失。

即使一个人犯罪后能逃脱法律的惩罚，但是永远摆脱不了天网（客观规律）的严惩。客观规律是悬在我们每个人头上的最公平正义的利剑！

第二十三章

【原文】

天下皆谓我道大，不肖。夫唯大，故不肖。若肖，久细矣。

我恒有三宝，持而保之，一曰慈，二曰俭，三曰不敢为天下先。夫慈，故能勇；俭，故能广。

【译文】

天下人都说我描述的道宏大，不像任何物体。正因为它宏大，所以才不像任何物体。假如它像任何一种物体，那么时间久了，就变得细小了。

我阐述的道有三件永恒的法宝，需要保持它。第一件叫慈爱，第二件叫节俭，第三件叫不敢为天下先。有了慈爱之不敢为天下先，故能成事长。

心，所以能在必要时勇武；有了节俭的品行，所以能在必要时广为施舍；不敢为天下先，所以能使事业成功并不断成长进步。

今舍慈且勇，舍俭且广，舍后且先，则必死矣。夫慈，以战则胜，以守则固。如以慈垣之，天将建之。

现今人们丢弃慈爱，只讲勇武；丢弃节俭，只讲奢华；不愿把名利放在后面，只想在名利上争先，这样必然走上死路。拥有慈爱，以它攻战就能取胜；以它来守卫，就能坚不可摧；如果以慈爱作为防护手段，客观环境也将帮助他建立。

故从事而道者同于道，得者同于得，失者同于失。同于得者，道亦

所以办事情拥有了道就等同于道，是一定能成功的。成功者有相同

得之；同于失者，道亦失之。

的所得，失败者有相同的所失。成功者的相同之处在于他们获得了道，失败者的相同之处在于他们丢失了道。

【评析】

本章老子对如何才能更好地践行道进行了归纳总结。

道虽然宏大无边，不易把握，但是只要你始终愿意保持“慈”“俭”“不敢为天下先”这三件法宝，就是遵循了道的基本规律。守道即得道，得道必然多助，不仅能战胜天灾人祸，而且能使正义事业不断进步。反之，抛弃这三件法宝，逆道而行，不仅路会越走越窄，而且会招致失败甚至走上不归路。总之，得道者必然成功，失道者必然失败，这是不以人的主观意志为转移的客观规律。

需要强调的是老子的“不敢为天下先”与宋朝范仲淹的“先天下之忧而忧，后天下之乐而乐”是一脉相承的中华民族的美德，其思想是完全一致的。

传统版本的《道德经》中，“不敢为天下先”句后是“故能成器长”，主流学者把这两句解释为“不敢居于天下人之先，所以能成为万物的首长”。如此释义，与老子的本意相差甚远。

其实老子的“不敢为天下先”的话外之意是，不要在为己方面抢天下人之先，而应在依道做事上争先恐后，只有这样“故能成事长”。这才是老子的本意，才是符合因果关系的逻辑推理，才是经得起实践验证的客观真理！

第四部分

治国用兵之道

第二十四章

【原文】

宠辱若惊，贵大患若身。何谓宠辱若惊？宠为上，辱为下，得之若惊，失之若惊。是谓宠辱若惊。

何谓贵大患若身？吾所以有大患，为吾有身也。及吾无身，有何患？

【译文】

受到尊崇或侮辱同样都惊醒，看重大的祸患如同看重自身的行为一样。什么叫宠辱若惊？尊崇是高尚的，侮辱是低下的，得到它要惊醒反思，失去它也要惊醒反思。这就叫宠辱若惊。

什么叫贵大患若身？我之所以有大的祸患，是因为我为自身考虑太多。假如我忘掉了自身的名利，还会有什么祸患呢？

故贵以身为天下，汝可以寄天下矣；爱以身为天下，汝可以托于天下矣。

所以为天下人珍重自身行为，天下便可寄予他；为了天下人而珍爱自身行为，天下便可托付给他。

故圣人之言云："受国之垢，是谓社稷之主；受国不祥，是谓天下之王。"正言若反。

所以有道的人说过这样的话："承受一国的屈辱，才能称得上国家的君主；承受各国的灾难，才能称得上天下的君王。"这正面的话好似反面的话。

将欲取天下而为之，吾见其弗得也。夫天下神器也，非可为者也。为者败之，执者失之。是以圣人无为故无

想要满足自己的私欲而夺取天下，我看他绝不可能得逞。天下是神圣的东西啊！不是为所欲为所能取得的。为自己的私欲去执守天下，必

败,无执故无失。

然会因失去民心而丢掉天下。因此有道的人不为所欲为,所以他不会失败;不为私欲去执守,所以他不会有所失。

【评析】

本章老子阐述了君王的修行之道。他主张君王受到尊崇与侮辱都要惊醒,以此反思自己的品行,不要得意忘形,要有坦荡的胸怀,兼听则明,不断修正自己的实践之路。像看重大的祸患一样看重自己的一言一行,不要一意孤行,要考虑后果,因祸患时常潜伏在每一个人的行为中,要警钟长鸣。

能为天下人珍重珍爱自己的行为,能承担起国家与天下的屈辱和灾难,才能称得上天下的君王。反之,为己穷奢极欲,即使是君王,也守不住君王的权力与地位,祸从身起而失位。

虽然老子讲的是为君为官之道,但对每个人都有重要的借鉴意义。

在此章特别要澄清的是传统主流学者对"宠辱若惊，贵大患若身"的误释。

在一本由名校学者译注的《道德经》中，此句译释为"受到宠爱和受到侮辱都好像受到惊恐，把荣辱这样的大患看得与自身生命一样珍贵"。笔者认为，如此释义与老子的本意相距甚远。错误的起因是对"惊"与"身"缺乏正确理解。"惊"是受到震动而反省，而"身"是与身体紧密相联的人的行为。

人们受到侮辱，常常反思自己的言行；而受到宠爱与敬重，往往得意忘形，哪还去反思自己的言行有什么过错。

老子告诫我们，受到侮辱与受到宠爱同样都要惊醒、反思。首先要慎重考量自己的言行是否符合客观规律（道），其次不要太在意宠辱本身的得失，特别是不能被宠爱蒙蔽了眼睛。

为何要"贵大患若身"呢？因为言行与身体（生命）是紧密相联的。言行不合道，长此下去是要面临"大患"的，祸患不是潜伏在我们的一言一行中吗？因而要时时刻刻谨言慎行，防患于未然。

第二十五章

【原文】

欲取天下也，恒无事，及其有事也，又不足以取天下矣。圣人恒无心，以百姓之心为心。善者善之，不善者亦善之，得善也。信者信之，不信者亦信之，得信也。圣人在天下歙歙也，为天下浑其心。百姓皆注耳目，圣人皆孩之。

【译文】

要取得天下人的拥护与支持，永远要靠从事没有从事的，如果只从事别人从事过的，又不足以获得天下人的拥护与支持。有道的领导者，永远没有自己的心愿，他以百姓的心愿为心愿。对于善良的要善待，对不善良的也要善待，这样才能实现人人善良的治世目标。对于诚实的要以诚相待，对于不诚实的也要以诚相待，这样才能形成人人诚信的社会风气。有道的人统领天下，收敛自己的私欲，全心全意为天下人着想。百姓都被所见所闻吸引，有道的圣人把人们当孩子一样加以引导。

江河之所以能为百谷王者，以其善下之，是以能为百谷王。是以圣人之欲上民也，必以其言下之；其欲先民也，必以其身后之。故居前而民弗害也，居上而民弗重也。天下乐推而弗厌也，非以其无争与？故

江河之所以能成为百川的统领者，是因为它善于包容它们，所以能成为百川之王。因此有道的人向所统领的百姓发号施令，必须先采纳百姓之言。想领先百姓，必须把自身的名利放在百姓的后面。因此居于高位而不让百姓感到沉重，居

天下莫能与之争。

于百姓的前面而不让百姓感到受到伤害。天下人都乐于推举而不反对他，这岂不是由于他不与百姓相争吗？所以天下才没有人能与他相争。

知其雄，守其雌，为天下溪。为天下溪，恒德不离，复归于婴儿。知其白，守其黑，为天下式。为天下式，恒德不忒，复归于无极。知其荣，守其辱，为天下谷。为天下谷，恒德乃足，复归于朴。朴散则为器，圣人用之，则为官长，故大制无割。

懂得如何雄强，却能执守雌柔，甘心做天下人的溪水。做天下人的溪水，这高尚德性才永远不会失去，回归到婴儿般的天真自然状态。懂得如何清白，却能执守冤黑，甘愿做天下人的榜样。做天下人的榜样，高贵的德性才永远不会有差错，回到没有分化的淳朴状态。懂得如何荣耀，却能执守困辱，甘愿做天下人的山谷。做天下人的山谷，美好的德性才真正丰足与永恒，恢复到本来的质朴状态。质朴的东西发散出来则表现为有用的本能，有道之人使用这些才能则成为领导者，所以说有道的政治是没有伤害的。

【评析】

本章老子阐述了领导者如何处理与民众的关系问题。他主张领导者必须以创新思维与实践赢得天下人的支持；必须以百姓的心愿为心愿，全心全意为人民服务；正确对待不善与不信者，把百姓当作孩子加以引导；容纳百姓之言，先人后己，知雄守雌，知白守黑，知荣守辱，甘愿做天下人的溪水、山谷，成为他们学习效法的榜样，发挥自身自然的本性与才能，造福百姓而不伤害百姓，这样的领导者必然被民众拥戴。

这与当代倡导的为政的理念、科学与民主的领导艺术是完全一致的。我们不得不为老子卓越的领导学而惊叹！可叹的是当今世界有多少人能达到老子的思想境界，更不必说有多少人能践行这一为政之道了。

在本章笔者与传统主流学者最大的区别在于对老子的“欲取天下也，恒无事；及有其事也，又不足以取天下矣”中的“无事”与“有事”的释义迥异。传统主流流学者把“无事”释为当政者不骚扰人民，把“有事”释为当政者以繁苛之政危害百姓。这不免太牵强附会，“无事”必然是不扰民，但“有事”未必就会害民。如此释义与老子五千言一以贯之的思想是相背离的，也太看低老子的治国理念了。

其实老子在阐述治国之道之前有“为无为，事无事，味无味，报怨以德”之句，它已对“无事”作出了精准的界定，古今语法有很大不同，按现代语法，两千五百年前的“无事”与“有事”当今就应表述为“事无”与“事有”。

只有“事无”，即从事古往今来没有从事的，才能适应社会不断发展变化的新情况，用新的办法解决新问题与矛盾。

不能只“事有”，即效法已有的成功范例，因为时代的发展在加快，如果不创新进取，只会不进则退。

第三十六章

【原文】

道恒无名、朴，虽小而天下弗敢臣。侯王若能守之，万物将自宾。天地相合，以降甘露。民莫之令，而自均焉。始制有名，名已既有，夫亦将知止，知止所以不殆。譬道之在天下，犹川谷与江海。

【译文】

道永远是没有自身名利而朴实的，虽然看似渺小而不见实体，但天下没有谁能臣服它。王侯如果能遵守道，万物将自然而然归顺。天地之气相结合，就会下降化为雨水。百姓不靠谁下政令自然就会财富均匀。开始控制管理天下，必然会有名利，名利既然已经有了，也要懂得适可而止。

懂得适可而止就不会有危险。用个比喻说明道在天下的作用，就如同千万溪流汇入江海一样，万事万物都要归附于道。

道恒无为而无不为，侯王若守之，万物将自化。化而欲作，吾将镇之以无名之朴，夫将不欲，不欲以静，天下将自正。

道永远是没有私为的，却又没有不能为的。王侯将相如果能遵守道，万事万物将按其本性发展变化。在变化发展过程中，一旦贪欲发作，就用我阐述的没有名利而纯朴的道来镇服他，这样贪欲就会消失，天下就会平静自然地发展，天下就会回复到本来的正路上。

【评析】

本章老子论述了以道治国的政治思想。他主张天下的领导者,必须以身作则,率先遵守道,节制自身的名利,对己无为才能在天下无所不为,如此万事万物将自然地变化发展。一旦有些人私欲膨胀危害社会,要用道来镇服他们,这样人们将自然而然地回归正道。

老子倡导的道治远远超过我们现代人的智慧。当今世界兴盛的法治其本质也是人治,因为法律要靠人来制定、解释、执行,无论如何公正完备的法律,如果执法人员不遵守道,法律将成为维护少数人利益的工具。

要实现社会的长治久安,老子为后人指出了一条光明而正确的永恒之路,即普及道的教育,也就是科教兴国战略,使人人了解道、遵守道。这也是他著书立说留下不朽的五千言《道德经》的唯一目的。

第二十七章

【原文】

天地不仁，以万物为刍狗；圣人不仁，以百姓为刍狗。天地之间，其犹风箱乎？虚而不屈，动而愈出。多闻数穷，不若守于中。

【译文】

天地不是通过仁爱，把万物变成它的雏狗，无比崇拜它。圣人也不是通过仁爱，把百姓变成他的雏狗，无比归顺他。天地之间运行的道，不正像一个风箱吗？虽空虚却永远不枯竭，运动起来就更加显示出作用。过多地打听预测事物的极限之事，不如信守事物内含的客观规律。

古之善为道者，非以明民也，将以愚之也。民之难治，以其智也。故以智治国，国之贼也；不以智治国，国之德也。恒知此两者，亦稽式也。恒知稽式，此谓玄德。玄德深远矣，与物反矣，乃至大顺。

以往善于依道治国者，不是使百姓知晓奸诈，而是使百姓淳厚朴实。百姓之所以难以管理，是因为他们的奸诈巧智太多了，所以用奸诈巧智治理国家就必然成为国家的贼人；不用奸诈巧智而用公开、公正之道治理国家，就会成为对国家有功德的人。永远牢记这两种治国方式的利弊，也就有了正确的治国模式。永远坚持依道治国的模式，可谓玄妙的德行。这玄妙的德行深厚广大，能与万物复归原本的质朴，这便达到顺应自然的最高境界。

【评析】

本章老子进一步论证了以道治国的科学性。他首先用天地类比人类社会，对所谓的仁爱治国方式予以了否定，人类社会有其变化发展的规律，只有信守其道，才能平定天下。然后，老子对以奸诈巧智的方式治理国家进行了批判，统治者言行不一，虚伪黠猾，百姓必然上行下效，政风败坏而民风必然不正，社会必然处于动乱之中。总之，只有舍弃巧智而以道治国，官风与民风才能纯朴，社会才能回归顺其自然的发展状态中。

传统主流学者把此章的“天地不仁，以万物为刍狗；圣人不仁，以百姓为刍狗”之句，释为天地无仁爱，把万物当成祭祀用的草狗一样看待，任其自生自灭；因而圣人便效法天地，把百姓当成祭祀用的草狗一样，任其自行活动生息。这样诠释老子无为的思想，是不符合老子本意的。

“不仁”不是“无仁”。老子五千言中有“百姓皆注耳目，圣人皆孩之”的精辟之句。百姓常看到事物的表面，而认识不到事物的本质与规律，老子主张圣人应把百姓当作孩子加以引导，使其懂得道理，并依道而践行，怎么能是主张没有仁爱之心，把百姓看似草狗一样任其自生自灭呢？

万物对天地如雏狗对主人一样顺从，并不是因为天地直接给予万物多少利益，而是天地之道伟大而不可抗拒。

百姓对圣人如雏狗对主人一样顺从，并不是因为圣人直接给予百姓多少利益，而是圣人所领悟和阐述的道伟大而不可背离。

传统主流学者误释此句另一个重要原因，是由于他们对老子“无为”思想的认识存在偏差。

老子的“无为”，按现代语法应理解为“为无”，不是消极保守，而是主张一个人应忘我无私，如此才能对社会有所作为，对社会有所贡献。这一思想与理念贯穿老子五千言的始终，无可争议。

老子之所以在此章中主张“不仁”，是因当时的为政者常把仁政挂在嘴上，而实际是在推行吃人害人的“智政”，即“以智治国”，以奸诈巧智治理国家，口是心非，言行不一，推行的政策貌似造福百姓，实际上是在鱼肉、玩弄百姓。

当今社会这样的人物也没绝迹。有些落马的官员不也曾喊“为人民服务”“为百姓造福”吗？

以道治国，顺其自然，应是当政者始终不渝的信念与纲领，这不正是这位两千五百年前的圣人对我们苦口婆心的忠告吗？

第十二章

【原文】

五色令人目盲，五音令人耳聋，五味令人口爽。驰骋田猎，令人心发狂。难得之货，令人行妨。是以圣人之治也，为腹不为目，故去彼取此。

【译文】

缤纷的色彩常使人眼花缭乱，繁杂的音乐常使人听觉失灵，丰盛的食物常使人食不知味。纵马驰骋在田野狩猎，常使人心浮发狂。稀有的宝物常使人行为失常。因此圣人的治世之道是追求百姓物质生活富足，而不是带头追逐声色奢娱，所以要舍弃错误的做法，而采取正确的做法。

不尚贤，使民不争；不贵难得之货，使民不为盗；不见可欲，使民心不乱。是以圣人之治也，虚其心，实其腹，弱其志，强其骨。恒使民无知无欲，使夫智者不敢为，则无不治矣。

不崇尚权力与地位，使人们不为此你争我夺；不珍爱难以获得的物品，使人们不为它而去抢掠；使贪婪之事不多见，民心就不会混乱。因此圣人的治世之道是使百姓之心平静，使百姓衣食丰足，使百姓志趣柔和，使百姓身体健康。永远使人们没有奸诈的巧智与贪欲，使有奸诈巧智的人不敢为所欲为，这样天下就没有治理不好的。

【评析】

本章老子阐述了为官为政的正确目标。他主张为官首先要使百姓物质生活富足，而不是带头追逐声色，珍爱所谓的奇珍异宝，把百姓引入歧途。

其次不给拥有权力与地位的人过高待遇，这样人们就不会争权夺利。为官者不花天酒地，百姓就会心态平静，志趣柔和，衣食无忧，身体强壮，天下就会得到大治。

这与当今倡导的为官不是为了发财，要全心全意为人民服务，要率先垂范、树正气、走正道的为官理念是一致的，这对于当今社会的吏治具有重要的借鉴意义。

【原文】

昔之得一者，天得一以清，地得一以宁，神得一以灵，谷得一以盈，侯王得一而以为天下正。其致之也，谓天毋已清将恐裂，谓地毋已宁将恐废，谓神毋已灵将恐歇，谓谷毋已盈将恐竭，谓侯王毋已贵高将恐蹶。

【译文】

过去和道保持一致的，天和道保持一致而清明，地和道保持一致而安宁，精神和道保持一致而英灵，山谷和道保持一致而充盈，侯王和道保持一致而匡正天下。推而言之：天失道将无法清明，恐怕要破裂；地失道将无法安宁，恐怕要震溃；精神失道将无法英灵，恐怕要消歇；山谷失道将无法充盈，恐怕要枯竭；侯王失道将无法处于高贵地位，恐怕就要倒蹶。

故贵以贱为本，高以下为基，是以侯王自谓孤、寡、不毂，此其以贱之为本邪？非乎？故致数誉无誉，是以不欲琭琭如玉，珞珞如石。

所以贵必须以贱为根本，高必须以下为根基。因此侯王用“孤”“寡”“不毂”来自称，这不是以贱为根本吗？难道说不是吗？所以过分追求算计荣誉，就会得不到荣誉。因此不要追求如玉晶莹光华，但求如山石般坚固、朴实无华。

【评析】

本章老子借天、地、神、谷依道而行，才能清明、安宁、英灵、充盈，背道而行就要破裂、震溃、消歇、枯竭，告诫统治者，天、地、神、谷尚且如此，更何况人呢？

只有依道治国，以百姓为根本，始终和道保持一致，才能匡正天下。否则，就必然失去百姓的支持与拥护，就必然要失败，失去统治地位。

第三十章

【原文】

太上不知有之，其次亲誉之，其次畏之，其次侮之。信不足，安有不信。犹呵，其贵言哉！功成事遂，百姓皆谓我自然。

【译文】

最高明的统治者，人们感知不到他的存在；稍逊一些的统治者，人们热爱、赞扬他；再差一些的统治者，人们畏惧他；最差的统治者，人们侮辱他。诚信不足，就必然有人不信任他。高明的统治者是多么谨慎呀！对于发号施令非常慎重，事业完成，功名建立，百姓都说他能顺其自然。

故大道废，安有仁义；智慧出，安有大伪；六亲不和，安有孝慈；国家昏乱，安有贞臣。

因此大道废弃，就必然会有举仁义之旗的人出现；奸诈巧智之人出现，后面必然会有更大的欺诈蔓延；亲人之间关系不和睦，就必然会有孝顺和慈爱出现；国家政治黑暗，社会动乱，就必然会有忠贞正义的臣民站出来。

绝圣弃智，民利百倍；绝仁弃义，民复孝慈；绝巧弃利，盗贼无有。此三言也，以为文未足，故令之有所属，见素抱朴，少私寡欲，绝学无忧。

最高明的统治者抛弃奸诈之术，百姓将获得极大的利益；最高的仁人不意气用事，百姓将恢复孝慈的本性；拥有巧智的人抛弃私利，盗贼也将消失。这三方面的言语还不足以成为法令条文，因此应颁布法令使人的言行有所归属，使人们心灵纯洁，坚守质朴，减少私心，降低贪欲，学习掌握了绝妙的道学，就会没有忧愁。

【评析】

本章老子把统治者划分为四个层次。最高明的统治者应是依道治国，少发号施令，言行一致而守信用，通过营造良好的社会环境，使百姓保持本性，使社会顺其自然地发展变化。稍逊一些的统治者道学不高，政令治标不治本，能赢得社会一时的繁荣安定，获得百姓的赞许和爱戴，但不可能持久。再差一些的统治者，靠严刑峻法治国，百姓无不恐惧，社会的强盛安定更是短暂的。最差的统治者，使用奸智，表里不一，意气用事，看重私利，施行不道的黑暗统治，社会则会丧失大道，这必然引发动乱。

老子之后中国两千多年的封建政权的更替史，验证了其阐述的治国之道的前瞻性与科学性。这宝贵的治国安邦的思想是全人类永恒的精神财富。

第三十二章

【原文】

民之饥，以其上取食税之多也，是以饥。民之难治，以其上有以为也，是以难治。民之轻死，以其上求生之厚也，是以轻死。夫唯无以生者，是贤贵生。

天之道，犹张弓也，高者抑之，下者举之。

【译文】

百姓饥饿，是因统治者收取的赋税太多，所以遭受贫困饥饿。百姓难以管理，是因统治者为所欲为，所以才难以治理。百姓轻生冒死，是因统治者追求生活奢华，因而百姓才不珍惜生命。只有不追求奢侈生活的人，才是真正珍爱生命的人。

客观规律好似拉弓射箭，抬得过高就压低

有余者损之，不足者补之。故天之道，损有余而补不足。人之道则不然，损不足而奉有余。	些，过低就抬高些，力量过大就减少些，力量不足就增补些。所以客观规律是减少有余的来补助不足的。而人制定的法则却不是这样，它是减少不足的来奉献有余的。
夫孰能有余而有以取奉于天下者乎？唯有道者。是以圣人为而弗有，成功而弗不居也。若此，其不欲见贤也。	谁能将有余的拿来奉献给天下不足的人呢？只有有道的人才会这样做。因此有道的人生活有所追求，但绝不贪图富有，有成就时决不独占。他这样做是在财富方面不追求胜过别人。

【评析】

本章老子阐述了国家税收政策的基本原则，即通过依道而行的税收，减少富人的财富，来补助穷人，以保证每个人的基本生活，从而实现社会的稳定和谐。反之，当政者逆道而行，使富者越富，穷者越穷，则社会必然处于动乱之中。

他还阐明了有道者应持有的正确财富观，即自觉地将多余的财富奉献给穷人，决不贪求奢华的生活。有成果时要与人们分享，不要炫耀个人财富，做到这些才是真正懂得生活、珍爱生命的人。

第二十二章

【原文】

使我挈有知也，行于大道，唯施是畏。大道甚夷，民其好解。朝甚除，田甚芜，仓甚虚。服文采，带利剑，厌饮食，财货有余，是谓盗夸，盗夸非道也。

【译文】

阅历使我提炼总结出这样的认识，在大道上行走，最怕步入邪路。大道很平坦，而人们却甚好脱离大道。朝廷宫殿修饰得很整洁，而农田却很荒芜，粮仓很空虚。穿着锦绣衣服，佩戴着锋利的宝剑，整天花天酒地，私人财产阔绰有余，这是大盗的形态，大盗是违背天道的呀！

重为轻根，静为躁君。是以君子众日行，不离其甽重。虽有环馆，燕处而昭若。奈何万乘之王，而以身轻于天下？轻则失本，躁则失君。躁胜寒，静胜热，清静可以为天下正。

重要的方面是次要方面的根本，平静的发展是急剧变化的基础。因此有道的本分人在他大部分时间里的活动，不偏离农事及水利这一重要方面。虽然有各式各样的娱乐场馆，也不迷恋而主次分明。为什么拥有万辆战车的大国君主，却以自身为重，而以天下为轻呢？以轻为重则会丧失根本，急躁冒进则会丧失基础。躁动能战胜严寒，平静能克服炎热，平静顺其自然的政策与实践才能匡正天下。

【评析】

本章老子阐述了人生正道平坦而宽阔，而人们往往轻易步入邪道。特别是当权者更容易因私欲膨胀而成为天下的大盗。因其背离客观规律，必然遭受天道的惩罚。

因此他告诫统治者，民为重而官为轻，应似守道的农民一样，主次、轻重分明，不失根本与基础，过顺应自然的平静生活，不要强取豪夺，追求奢侈的生活，否则就会丧失执政的基础。所以只有推行廉洁公正的吏治，推动社会顺其自然地平静发展，才能成为天下的执政者。

关于本章，笔者与传统主流学者的不同主要在于"甽重""辎重"孰为老子原文。依据"字不离句，句不离章"的原则，答案无疑是"甽重"。

传统注者把"是以君子众日行，不离其辎重"之句解释为"所以君子在远行的旅途中，不偏离其携带的辎重物品"。如此理解也太小看老子五千言的理论思维水平和思想境界了。

两千多年前的东周时代，还处于农业生产占主导地位的农业文明时期。人们大部分的时间里还离不开农业生产，否则将无法生存下去。老子写下这句话，意在告诫当政者，要像本分的农民一样主次、轻重分明，不要淫奢无度，否则的话将误国误民，成为天下的“盗夸”，最终被广大民众所推翻而贻笑天下。这不正是老子此章的中心思想吗？

第三十三章

【原文】

以正治国，以奇用兵，以无事取天下。吾何以知其然哉？夫天下多忌讳，而民弥贫；民多利器，而国家滋昏；人多智慧，而邪事滋起；法令滋章，而盗贼多有。

【译文】

用公开、公正之道治理国家，用奇特诡诈之术作战，靠做没有人做的事取得天下。我是如何懂得应该如此的呢？天下的禁令忌讳越多，百姓就越穷；民众的锐利武器越多，国家就越陷入混乱；人们的奸诈巧智越多，邪风怪事就闹得越凶；法令的章节增加越多，贪官、强盗反而会越多。

是以圣人之言曰："我无为，而民自化；我好静，而民自正；我无事，而民自富；我欲不欲，而民自朴。"

因此有道的圣人说过这样的话："我为了众人没有为的，百姓就会按照其本性变化发展；我喜好平静自然的生活，百姓就会自然走正道；我从事没有人从事的，百姓就自然会富足；我追求别人不追求的，而百姓自然会纯朴。"

其政闵闵，其邦屯屯；其政察察，其邦缺缺。祸兮，福之所倚；福兮，祸之所伏。孰知其极？其无正也。

一个国家的政治深谋远虑，这个国家就会不断增强实力，坚不可摧。一个国家的政治谋划短浅，其实力就会不断削弱。灾祸啊！就会有福在其中相依存。福啊！就会有祸在其中相潜伏。谁懂得二者变化交替的正复为奇,善复为妖,民之迷也,其日固久矣。是以方而不割,廉而不刺,直而不绁,光而不曜。

极点呢?这是没有正常态势的。

正常不知道什么时候就转化为奇特,善良不知道什么时候就转化成妖邪,人们对此迷惑不解已经很久了。因此治国要坚持原则而绝不割舍一点,清廉无私而决不伤害百姓,正直为政而决不直邪交替,光明正大而决不明暗间杂。

【评析】

本章老子论述了以正治国的政治思想,即以道治为主,以法治为辅。首先是统治者必须守道,以身作则,做到无为、好静、无事、欲不欲,这样百姓就会自化、自正、自朴。反之,如果统治者带头为所欲为,贪财好色,即使严刑峻法再多对贪官、盗贼也无济于事,社会必然处于动乱之中。

其次，国家的方针、政策要深谋远虑，有长远打算，而不能目光短浅，只顾眼前。因为祸福总是相依相伏，如果不能坚守道的要求，为政做到方、廉、直、光，去伤害百姓，造成政治上直邪、明暗混杂，那么这个国家迟早会灭亡。

传统主流学者采用的“其政闷闷，其民淳淳；其政察察，其民缺缺”之句，与笔者选用的帛书《道德经》的原句相差甚大，如此便失去了释义的对比性。然而通过分析对比，可以判断谁才是真实可靠的老子的原话与本意。传统主流学者采用的上述四句话及其释义是经不起推敲的。“其政闷闷”即政治宽厚清明，“其民淳淳”即民风淳朴，其推理还讲得过去；然而“其政察察”即政治严酷黑暗，而“其民缺缺”即其百姓就狡黠，是讲不通的。历史上秦朝的国政可谓标准的“察察”，百姓哪敢“狡黠”？只能忍声吞气，把抗争的怒火积蓄在胸中，等待爆发的那一刻。

依照社会规律，一国的政治对民风有影响，这是不可否认的。但它只能决定一部分人的风气，而决定不了社会主流的风气。因为政治不是几个人和几个组织决定的，而是由大多数民众选定与认可的。常言说得好：得道者得民心，得民心者得天下；失道者失民心，失民心者失天下。客观存在的主次关系是不容颠倒的。老子并不是王权的崇拜者与倡导者，而是民权与科学（道）的崇拜者与倡导者。

总之，传统主流学者采用的上述四句话，在逻辑上是错误的，其思想与老子五千言的精神也是相冲突的。因此帛书上的“其政闵闵，其邦屯屯；其政察察，其邦缺缺”是真实可靠的老子原话，符合上下文的逻辑，也经得起实践的检验。

第三十四章

【原文】

治人事天，莫若啬。夫为啬，是以早服。早服是谓重积德。重积德，则无不克。无不克，则莫知其极。莫知其极，可以有国。有国之母，可以长久。是谓深根固柢，长生久视之道也。

【译文】

依道管理人、办事情，最高原则是节俭。正是因为节俭，所以能为做好事情提早做准备。早做准备就是所谓的以积蓄德行为重。看重积累德行，则没有克服不了的困难。具备了克服一切困难的力量，则没有人能知道它会强大到什么程度。拥有了无穷的力量，便拥有了立国的基础与实力。拥有了立国的根本,就可以使国家长治久安。这就是所谓的根扎得深,根基牢固,长生久存之路。

治大国,若烹小鲜。以道莅天下,其鬼不神。非其鬼不神也,其神不伤人也。非其神不伤人也,圣人亦弗伤之。夫两不相伤,故德交归焉。

治理大国就像煎烹小鱼一样。用道来统领天下,歪门邪道就不会兴风作浪。不是歪门邪道不出现了,其出现也形成不了灾难。这不是歪门邪道不会伤害人了,而是圣人决不会受歪门邪道的迷惑伤害,这样两者不相伤害,百姓就不会遭殃,人们就会共同回归德行。

【评析】

本章老子阐述了治理国家的两个最高原则：

第一是节俭办事。爱惜人力、物力与财力，为日后克服困难做好准备。这样国家的政治、经济基础牢固，万众一心，就拥有了战胜一切困难的无穷力量，民富国强就会长久。

第二要用道来统领天下，歪门邪道就自然成不了气候。统治者依道实践，不受鬼神迷惑，百姓就必然上行下效，人们互不相害，都回归人的本性，天下将臻于大治。

第二十五章

【原文】

大邦者，下流也，天下之牝，天下之交也。牝恒以静胜牡，为其静也，故宜为下。大邦以下小邦，则取小邦；小邦以下大邦，则取大邦。故或下以取，或下而取。

【译文】

大国是小国向往与被容下的地方，是天下的阴性，是天下的汇合处。阴性凭其柔静胜过阳性的刚躁。因为它柔静，所以理应谦让包容。大国把小国容下，则会获取小国；小国把大国容下，则会被大国获取。所以有的容下是为了获取，而有的容下则被获取。

故大邦者不过欲兼畜人，小邦者不过欲入事人。夫皆得其欲，则大邦者宜为下。

所以大国不要过分追求兼并管护小国，小国也不要过分追求加入侍奉大国。大国与小国想要互相尊重、和平相处，作为大国首先应谦让包容下小国。

【评析】

本章老子论述了国家外交的基本策略。首先作为大国应承担起大国的责任，大国应是小国追求向往的对象，应像母性一样具有柔静包容的品质，成为天下必然的汇合之地。因此大国不要过分追求兼并管护小国，应给予小国应有的尊重与发展空间。

其次小国既要尊重大国，又不要过分追求加入侍奉大国，而应通过自身的发展与进步，赢得大国的尊重。

这样大国与小国相互尊重包容，和平相处，是分是合一切顺其自然，而不是通过残酷的战争达到分或合的目的。

第三十六章

【原文】

以道佐人主，不以兵强于天下。其事好还，师之所处，荆棘生焉；大军之后，必有凶年。故善者果而已矣，毋以取强焉。果而勿骄，果而勿矜，果而勿伐，果而勿得已居。是谓果而不强。

【译文】

用道来辅佐君主，不以武力横行于天下。使用武力很快会得到报应，军队驻扎、战斗过的地方，必然会荆棘丛生，田地荒芜。大的战乱之后，必然会出现灾年。所以善用兵者，取得一定战果就停止军事行动，决不靠武力取得强势地位。打了胜仗不要骄横，不要自大，不要夸耀，打胜仗是不得已而为之。这就是所谓的打了胜仗，也不要靠武力取得强势。

夫兵者，不祥之器也。物或恶之，故有道者不居。君子居则贵左，用兵则贵右。故兵者非君子之器也。

武力是不吉祥的东西，有人看见它就厌恶，所以真正有道的人，不靠囤积武力达到目的。君子囤积武力，注重保有余力，决不穷兵黩武，使用武力时注重倾尽全力，以求尽早结束战事。所以说武力不是君子实现抱负的工具。

兵者不祥之器也，不得已而用之。铦庞为上，勿美也。若美之，是乐杀人也。夫乐杀人，不可得志于天下矣。

武力是不吉祥的东西，不到万不得已不使用它。武力有威力而强盛为最好，但是决不要炫耀武力，以其为美事。如果以炫耀武力为美事，就是以杀人为乐事。以杀人这样强暴的手段是不能实现自己取得天下的志向的。

是以吉事尚左，丧事尚右。是以偏将军居左，上将军居右，言以丧礼居之。杀人众，以悲哀莅之；战胜，以丧礼处之也。

因此，把武力当作好的事情来办，就必然崇尚保有余力；把武力当作丧事来办，就必然崇尚倾尽全力。因此战场上副将领兵防守，主将则领兵攻击，这就是所谓的用丧礼来处理战事。战争中死伤惨重，要以悲哀的心情参与，打了胜仗也要用丧礼来处理后事。

【评析】

本章老子阐述了其军事战略思想。他主张武力不是实现国家与个人志向的工具，决不能靠武力纵横天下。武力是万不得已采取的最后手段，因而武备保有余力即可，不可穷兵黩武。

武力是不吉之物，使用武力应适可而止。因为战争对人类与自然具有可怕的破坏作用，因此要尽快结束战事。绝不可因军事胜利而骄横自大，绝不可乘军事胜利而去取得强势地位，以霸道治天下，而应以王道治天下。

无论是谁，无论在什么时期，穷兵黩武，靠武力横行霸道，最终都将彻底失败。人类社会数千年的战争史充分证明了老子军事战略思想的英明与科学。

第二十七章

【原文】

善为士者不武，善战者不怒，善胜敌者弗与，善用人者为之下。是谓不争之德，是谓用人之力，是谓配天，古之极也。

【译文】

善于为政的人不推崇武力，善于作战的人不轻易动武。善于取胜的人决不和敌人正面硬拼，争一时高低。善于用人的统治者一切为了下属。这就是所谓的利用众人的力量，这就是所谓的配合天道，自古以来最好的做法。

用兵有言曰："我不敢为主而为客，吾不敢

带兵打仗的人说过这样的话："我不敢主动

进寸而退尺。”是谓行无行，攘无臂，执无兵，乃无敌矣！

挑起战事，而宁愿被迫参战；我不敢轻易攻取一寸，而宁愿被迫退守一尺。”这就是所说的采取没有过的行动——出奇制胜，高扬起没有过的手臂——群情激昂，执持没有过的兵器——全民参战，如此便能无敌于天下。

祸莫大于无适，无适几丧吾宝。故抗兵相若，而哀者胜矣。

灾祸莫大于没有正确的方向，这样便几近丧失道的法则，所以两军对阵，兵力相当，被压迫、欺负的一方便会取得胜利。

【评析】

本章老子阐述了其军事战术思想。他主张首先应不要迷信武力，要慎战巧战，上下团结一心，调动每一个人的积极性，发挥每一个人的力量，这是符合军事规律的最好战法。

其次是决不主动挑起战火，要采取被迫参战的防守反击战术。在确定了正确的军事路线的前提下，出其不意，攻其不备，群情激昂，全民参战，便能战无不胜。

这与当今军事学所倡导的骄兵必败、哀兵必胜、人民战争的战略战术，以及正义战争必胜的军事思想是完全一致的，它是一切战略战术思想的核心与基础。

本章和传统主流学者主要的不同在于“祸莫大于无适”“祸莫大于轻敌”二者何为老子的原话与本意。

学习与工作中最怕的是南辕北辙与缘木求鱼，即迷失了正确的方向。如果不能及时醒悟，往往是事倍功全无，浪费人力、物力与财力而一无所得。

而在军事战争中，如果没有了正确的方向，即“无适”，该防守你去进攻，必然会撞得头破血流，损兵折将，大败而归甚至有去无回。该进攻而去防守，必然会丧失战机，放虎归山，后患无穷。

而如果在战争中犯“轻敌”的错误，最多是多交点学费，多损失一些兵力，一般不致于大败甚至完败。

由此可见，军事上的“轻敌”是小错，而“无适”是大错，所导致的失败也是不同的。没有正确的方向，必然丧失取胜的法宝，埋下失败的最大祸根，而轻视敌人在战略上是正确的，在战术上是错误的，它丧失不了取胜的法宝，也不是失败的最大祸根。

总之，依据上述分析和本章的中心思想，“祸莫大于无适”无疑是老子的原话与本意。

第三十八章

【原文】

人之生也柔弱，其死也坚强。草木之生也柔脆，其死也枯槁。故曰坚强死之徒也，柔弱者生之徒也。是以兵强则不胜，木强则拱。故坚强处下，柔弱处上。

【译文】

人活着的时候身体是柔软的，死时身体就变得僵硬。草木生长时是柔软脆弱的，死后就变得坚硬枯槁。所以说坚强的属于死亡一类，而柔弱的属于生长一类。因此军队过于强大，则打不了胜仗，林木过于粗壮就会弯曲。所以坚强的趋向下降，而柔弱的趋向上升。

天下莫柔弱于水，而攻坚强者莫之能先，以其无以易之也。柔之胜刚，弱之胜强。天下莫不知，而莫之能行也。

天下没有比水更柔弱的了，可是攻坚克强却没有超过它的，这是因为它从不改变柔弱的本性。柔弱必然战胜刚强，天下没有不知道的，可是却没有人能按这一道理去实践的。

将欲缩之，必固张之；将欲弱之，必固强之；将欲去之，必固与之；将欲夺之，必固予之。是谓微明。柔弱胜强，鱼不脱于渊，邦利器不可以视人。

将要收缩的，本来必然是扩张的；将要衰弱的，本来必然是强大兴盛的。将要分离的，本来必然是合在一起的；将要夺取的，本来必然是给予的。能认识到事物的变化交替可谓细致而高明。柔弱总是能战胜刚强，鱼不能脱离深渊而生存，国不能脱离民众而存在，所以国家的锐利的武力不可以针对国民。

【评析】

本章老子阐述了其反对用刚强的武力来管理与镇服百姓的治国思想。他先用人与草木生长时的柔弱到死亡后的坚硬，再用水从不改变其柔弱本性，来证明柔弱胜刚强的科学性。其后用缩与张、弱与强、分与合、夺与予相互转化、物极必反的道理来论证武力是刚强的，兵强则不胜，只有充满生机与活力的柔弱才是战无不胜的。

百姓对于国家而言，永远似水一样柔弱，永远不改变它的本性。因此国家的统治者要用柔和的政策引导与管理人民，绝不能用刚强的武力来对付人民；否则，国与民必然分离，国家如同鱼离开水一样，必然灭亡。

本章笔者与主流学者的主要分歧在于对“邦利器不可以视（示）人”的释义上。主流学者把它解释为国家的锐利武器不可以展示于大庭广众之下。这样释义使此句与它的上句即“柔弱胜强，鱼不脱于渊”失去了内在的因果关系，也使它与下章的“希言自然”脱离了导引性的客观联系。

其实老子的本意无疑是要教导当政者，国家的刚强战胜不了百姓的柔弱，如果非要依靠武力对付百姓，实行残暴的统治，国家是要被人民的柔弱所灭掉的。这是不以人的主观意志为转移的客观规律，也是老子此章与上、下两章的中心思想。

第二十九章

【原文】

希言自然。飘风不终朝，暴雨不终日。孰为此者？天地。天地尚不能久，而况于人乎？

若民恒且不畏死，奈何以杀惧之？若民恒畏死，而为奇者，吾得而杀之，夫孰敢矣！若民恒且必畏死，则恒有司

【译文】

少发号施令，尽可能顺应自然。狂风刮不了一整夜，暴雨下不了一整天。谁使它这样呢？是苍天大地。天地尚且不能持久保持剧烈变化，更何况人呢？

假如百姓已恒心不惧怕死亡，为什么还以杀戮相威胁呢？假如百姓已恒心惧怕死亡，对于为非作歹者，依道必须处死

杀者。夫代司杀者杀，是代大匠斩。夫代大匠斩，则希不伤其手。

他，这样谁还敢不走正道呢？假如百姓已恒心并且必然地惧怕死亡，那么永远会有处置冒犯者的专政机构。而代替依道而建的专政机构乱杀人，这是代替天道这一大匠去斩杀，而代替天道去乱杀人，则很少不斩杀到自己的手与头上来。

民不畏威，则大威将至矣。毋狎其所居，毋厌其所生。夫唯不厌，是以不厌。

当百姓不畏惧武力威胁时，那么大的社会动乱将要到来了。千万不要使百姓流离失所，千万不要使百姓厌恶其生活。正因为百姓不厌恶其生活，所以才不至于被百姓因厌恶而推翻。

【评析】

本章老子阐述了其反对残暴统治、主张顺应自然的政治思想。

他先用大自然中的现象来喻论人类社会中残暴的统治也是不可能持久的。武力只能针对不走正道的暴徒，而如果对大多数百姓推行暴力统治，百姓总有一天会群起而攻之，消灭无道的统治者。

因此，有道的统治者总是少发号施令，尽一切可能顺应自然，使百姓安居乐业，决不强取豪夺，鱼肉百姓，导致百姓流离失所。

第四十章

【原文】

小国寡民，使千百人之器毋用，使民重死而远徙。有车舟无所乘之，有甲兵无所陈之，使民复结绳而用之。

【译文】

很小的国家，稀少的民众，使统治者爱惜民力，根本不用耗费成百上千人之力制作器具，使百姓看重生死，不参与土地与财富的武力争斗，而自愿向远方迁徙。虽然有车有船，也没有地方用得上；虽然有盔甲有兵器，也没有地方使用它。使人们恢复到结绳记事的淳朴状态下使用车船与兵器。

甘其食，美其服，乐其俗，安其居。邻国相望，鸡狗之声相闻，民至老死不相往来。

如此天下太平，百姓吃得香甜，穿着美丽，住得安适，民俗使人愉悦。国境线上的百姓互相看得见，鸡和狗的叫声都可以听得到，民众都安享天命，不再因你来我往的争斗而伤亡。

【评析】

老子的《道德经》短小精悍，句句为至理名言，全书五千字，至此不足百字的结尾篇，其归纳总结出天下太平安宁、社会和谐、人人幸福的必由之路。

首先，作为统治者应对自身无为，而对社会有为，克己奉公，决不穷奢极欲，耗费民力、财力制作各种器具供自己享用，不乘车、坐船游山玩水，应该勤于政事，更不能为了自身名利而发动战争。

其次，作为民众也应正确处理人与人之间的利益关系，不要轻生冒死，贸然参与亲属、部族或国家间的武力斗争，而应主动向远方迁徙，开辟新的生存空间与领域。

只有这样，天下才能没有战争，百姓安居乐业，生活美满幸福，人人安享天命，自然老死。

今天距离老子写《道德经》已经两千五百多年了，依当今的科学理论与现实情况来看，老子论述的前因后果也是成立的。他描述的无疑是人类健康、科学的发展之路与美好的理想归宿。

可惜，他的文章特别是本章遭到了后人的篡改和曲解。一个“人”字的去掉和一个“不”字的加入，使老子戴上了抛弃文明、拒绝文化、反对交流、自相矛盾、妄想恢复原始“乐园”的大帽子，甚至将老子这一世界古代史上最伟大的思想家置于言行不一的骗子之列，标榜“重死而不远徙”而自己却率领儿孙远徙西域。

长沙马王堆汉墓出土的《道德经》其甲、乙两种版本都没有“不”字，流传两千多年的八十一章版本中的“不”字是后人有目的加入的。而实际上老子是自己科学思想的伟大实践者。虽然其人其时不能治天下，但是其书必然会出来平天下。他那名扬天下、光照千秋的不朽思想，必将成为人人学习遵守的最基本的做人道理。

后记

笔者以长沙马王堆汉墓帛书《道德经》为依据，同时参考了传世的八十一章《道德经》诸多版本，对《道德经》进行了重新编排，修订完成了《还原〈道德经〉本意》一书。全书分为四个部分，共四十章。本书力图还原《道德经》五千字最原始的前后次序，更准确地注释原文，使其符合作者的本意。笔者只在很少的几处对原文进行了简化处理。期待大家的阅读，欢迎不吝赐教。

由于笔者水平有限，本书难免有不足之处。笔者试图通过另辟蹊径来更科学地开发利用《道德经》这一传统文化的思想宝库，以此来丰富我们的精神食粮，促进中华民族的伟大复兴与世界的和谐繁荣。

笔者在此抛砖引玉，期待更多更好的作品出现，大家一起来提高《道德经》的研究水平，更好地还原《道德经》的原貌和本意。

最后写一副对联送给亲爱的读者，愿与大家共勉：上联是“敬道学道守道”，下联是“和到顺到福到”，横批“以道为宝”。

作者
2014 年 11 月